竹村亞希子

超訳 易経 陽

乾《けん》為《い》天《てん》

新泉社

まえがき
――『超訳 易経 陽 ―乾為天《けんいてん》―』刊行にあたり

官庁や企業だけでなく、全国各地さまざまなところで「乾為天《けんいてん》」（龍の話）をきっかけに易経を紹介して四十年になりますが、多くの方から「乾為天《けんいてん》」だけの超入門書が欲しいと言われるようになりました。そこで今回、二〇一四年に出版した角川ＳＳＣ新書『リーダーの易経』をもとに大幅に加筆修正して、超入門書としてつくり変えました。

ただ一つ、笑えない話があります。それは、これまで『リーダーの易経』と題された本はすべて絶版になっているということです。そこで今回は、あえてそのタイトルをつけずに、増補改訂版として新泉社から出版することにしました。今度こそ絶版にならないように祈念します。

易経は「乾為天」だけではない

さて、私が各地で易経を紹介していくうえで、とても気になることがあります。それは、皆さんがどうも「乾為天《けんいてん》」だけで満足してしまうことです。すなわち、陽の「龍の話」を聞いただけで易経をわかった気になる人がものすごく多いのです。
それは明らかに間違いです。易経は、実は陽よりも、むしろ陰のほうがより本質的なのです。そして易経の「陰陽《いんよう》」は二元論でなく、一元論、もともとは一つのものなのです。

『易経』に出てくる「陰、陽、中」については、次に出す『超訳 易経 陰』篇で詳しく書きますが、誤解を恐れずに言うなら、易のコア（核）は「中・中する」であり、陰の力で陽を引き出し「中する」ことです。言ってみれば、中は解決策なのです。ですから、陰の「大地と牝馬」の話を知らないと、もっと言えば六十四卦《か》すべてを知ってはじめて易経の全体像に思い至ることになるのです。

後世、孔子《こうし》が語ったとされる「我に数年を加え、五十にして以て易を学べば、以て大過無かるべし」という言葉が『論語』「述而第七」にあります。
このせいかどうかわかりませんが、読書家が四十代半ば以降になって、『易経』の解説付きの本を読み始め、その難解さに辟易として投げ出される方が多いのです。真面目で成績が優秀だった方ほど、つまずく確率が高いように思われます。

最初のページからきちんと読み始め、数ページで意味不明になり、前に戻って理解しながら読み直す。理解できないわけがないと、何度も繰り返す。先になかなか進めず、そのうちに腹が立つ、眠くなる、そして『易経』の本を放り出す。時が流れ、数年後に思い立って本棚の奥にしまった『易経』を取り出し、もう一度、心して読み始める。ところが、また前の繰り返し。

『易経』はめんどうな約束事がやたらと多いですから、一頁目《ページ》から順に読もうとするとかならず嫌になります。そして、その約束事をすべて記憶したり頭に入れたりしてからでないと理解できないといわれます。しかし、そんなことはありません。どこから読んでもよいのです。

とはいえ、易経は古典の中でも一番古く、難解とされています。たしかに古い見慣れない文字ばかりですから、年配の方のほとんどは、一度や二度、挫折してから私の講座に来られることが多いようです。だから私は「わからないことを楽しんでください。覚えようとしないでください」と言っています。まずは拒否反応をクリアしてください。

易経を読むのにはコツがあります。約束事は後回しにして、「龍の話」から入ると視界が良好になります。かくいう私も龍の話が易経の入り口だったおかげで、易経のとてつもない魅力にはまってしまったのでした。

易経はすべて、原理原則をたとえ話にして書かれた物語、ドラマです。ですから、そのたとえ話を自分の身近なことに引き寄せて想像することです。

自分の過去にあったことに結びつける。それが思いつかなければ世の中で起きている出来事や、家族のことなどに引き寄せながら想像を膨らませていく。

その中で一つでも腑《ふ》に落ちることがあればそれが出発点になります。腑に落ちたら、かならず易経の地下水脈まで理解が行きますし、そうなったらこっちのものです。

易経に限ったことではないと思いますが、人生や仕事の答えは古典の中にあるのではなく、古典の教えを自分のものにしたときに得られるのです。大切なのは「化《か》す」こと、化学反応を起こして自分のものにして実践することで、座学ではない。これはとても大切なことです。

だから、古典を学ぶ楽しみは、自分の思い込みが外れて楽になり、心が軽くなり自由な世界観が広がるところにあると思います。

易経を学んだ方の中には「怖いことがなくなった」と言われる方が少なくありません。当然、生きていると怖い現象は何度も起きてくるのですが、「易経には時中《じちゅう》という、その時にピッタリのことをすれば物事は亨《とお》る、という解決策が具体的に書かれている」、だから「不遇な冬の時代は避けるべきものではなく、春を迎えるための準備期間」と前向きにとらえることができるようになりました、とおっしゃいます。それを易経では、私の意訳ですが、「冬の大地にならいなさい」という表現をして、来る春に備えて豊かな土壌づくりをしなさいと教えています。

私と易経の出合い

私は当初、『易経』の本を単なる占いの本と決めつけていました。ところが、二十二歳のあるとき、解説文を読まずに本文の最初から読んでみたのです。そこには、淵に潜んでいた潜龍《せんりゅう》が力をつけ、飛龍《ひりゅう》となって天を翔《か》け巡《めぐ》り、最後は亢龍《こうりゅう》となって衰退するという、龍の成長が書かれていました。短い文章ながら想像力をかきたてられて、映像がリアルに浮かんできました。これが『易経』との本格的な出合いでした。

それから易の本を読みあさったのですが、どうも物足りなく、最初に大きく広がったイメージを満たしてくれる解説書がありませんでした。

そして二十六歳のときに、高島嘉右衛門の『高島易断（全四巻）』という高価な本と古本屋で出合ったのです。これは易者さんたちの間でも有名な本で、「国会図書館に行かないと読めない」と言われている本でした。その当時、古本屋にあったとしても三十万円はすると言われていました。

その本を立ち読みしたときには震えが来ました。私の探していたのはまさにこれだと。カタカナと漢字だけの本ですが、幸い昔から難しい本は読み慣れていたので、漢籍の素養が特別になくても楽に読めました。これを逃したら、いつまたこの本に出合えるかわからない。

そのとき手持ちの八千円で取り置きにして、数日後に十五万円で手に入れました。『高島易断』はものすごく面白くて、のめり込むように読みました。今でもこれ以上の本には出合っていません（※この本は、現在では再版されていて数万円で手に入ります）。

同じ頃に空手家の南郷継正《なんごうつぐまさ》の『武道とは何か』という本にも出合いました。その本をきっかけに彼の著作や、剣道、合気道、その他武道関連の本を読み続けていくうちに、武道の上達論と龍の成長論とが頭の中で化学反応を起こしました。

この本は私の易経解説やリーダー論の基であり、易経を深読みできるようになったのは、これらの武道の本が出発、原点です。ですから、じつは龍の成長物語の解説は私のオリジナルなのです。

不思議なもので龍の話が生き生きと読めるようになったとたん、難しいと思っていた他の卦《か》も理解できるようになりました。また大地と牝馬の話である「坤為地《こんいち》」は、趣味の乗馬でさらに腑に落ちて理解が深まりました。

東洋文化振興会の方々との出会い

このように、私の易経はすべて独学ですが、私自身は古今多くの学者さんが書かれた優れた書物が師匠だと思っています。

また、易経以外の四書五経は、東洋文化振興会の歴代の会長に学びました。

東洋文化振興会というのは、大正十年発足の「名古屋孔子会」の後身で、東洋文化一般の研究と普及のために設立された会です。昭和三一年当時の役員には、名誉会長の東大名誉教授宇野哲人氏、顧問の東大名誉教授塩谷温氏、京大名誉教授小島祐馬氏、東北大名誉教授武内義雄氏、師友会顧問の安岡正篤氏、会長の名大教授近藤康信氏、金城大助教授鬼頭有一氏……他、錚々《そうそう》たる名前が連なっています。

三十代の頃、当時の会長だった鬼頭有一先生に出会い、『論語』を学びました。そして、私の易経講演録を読まれた鬼頭先生が、「あなたの易経の理解は伸びる」と鼓舞してくださった言葉にどれほど励まされたことか。

その次の会長の愛知文教大学学長の坂田新先生は「三度の飯よりも易経が好き」と言われて、私の事務所で毎月一回、易経の勉強会をされていました。坂田先生はよく、「経書の中で、易経だけは現在の学問ではまだ、意味や解釈がほとんど定まっていない。経書の中でもいくつかの書物は、時代とともに学問が進んでだいぶんわかるようになってきたが、易経だけは相変わらずだ。ほかの書物は、この先生のこの注釈を読めば大体わかるというものがあるが、易経の場合、これを読めば今の段階でわかっていることは全部書いてあると言えるものはない。正直に言って、注釈書の書きようがないという段階だ」とおっしゃっていました。その坂田先生が、二十三年前（一九九七年）にNHK文化センター名古屋教室が新しく「易経」講座を始めるから、「占いではなく古典としての『易経』講座を」と推薦してくださったのです。それ以来、十～十五年をかけて易経全文を読むという、贅沢な講座を持たせていただいています。

東洋文化振興会は前身を含めると百年近くになる会ですが、現在は加地伸行先生を顧問に迎え、私は相談役をしています。今の会長は三島徹先生ですが、会の経営はバブルの時代とは異なり、県・市からの補助も途絶え、企業から経済的支援もなくなるとともに、高齢化に伴う会員の減少により厳しさを増していますが、会長をはじめとした各人の強い志で維持しています。とりわけ、会場を提供していただいている企業の存在は絶大です。

易経研究家として

NHK文化センター「易経」講座が始まって一年が過ぎた頃、第一回から聴講していた故神野三男さんに、「折り入ってお話があります」と言われました。神野さんは、NHK文化センター「易経」講座（名古屋）を八十三歳から九十二歳まで十年間にわたり受講されました。

神野さんは開口一番、「易経の本を書きなさい」そして、「放っておいたらあなたは、いつまで経っても書かないだろう」ともおっしゃいました。なんとも耳に痛い言葉。図星でした。

それまでも数多くの企業や団体で「易経」の講演をしてきました。そのたびに聴講の方から、「講演で話していた内容が書いてある本が、探しても見当たらない。本を紹介してほしい」という問い合わせをいただきました。その都度「ありません。そのうちに書きます」と答えてきたのでした。とはいえ、『易経』の解釈の執筆に臨むということは、大海に飛び込むようなもの。なかなか筆を執れなかったのです。

しかし、神野さんのまっすぐな眼差しに対して、もう逃げられないなと覚悟を決めました。そして企業の講演録や講座のテープ起こしや編集が始まったのです。

最初の『リーダーの易経』（二〇〇五年、ＰＨＰエディターズ・グループ）は、出版までに七年かかりました。覚悟はしていましたが、これほど長い月日を要するとは思いませんでした。あとから思えばこの七年間は、本書にある潜龍《せんりゅう》の時代だったのです。

心を決めるきっかけをつくってくださった神野さんに感謝申し上げます。

さて、七年もかかった大きな理由は、「易占いの本なら売れるが、易経の本なんて売れるわけがない」という出版社の思い込みでした。自費出版をすすめられたこともあり、それに対しては即断り、易経の魅力に惚れ込んでくれる出版社や編集者が現れるのを待つ日々でした。

まずは易経を多くの方に知っていただくために広報として、『易経』を解説するメールマガジンを発行、そして「手にとるようにわかる面白い易経」と題したブログを開設しました。その後、易経の解説を丁寧に読んでくださった山本真司氏と出会い、「こんなにわかりやすい易経ははじめてだ」と、PHPエディターズ・グループに当時在籍していた石井高弘氏を紹介していただいたのです。両氏に格別の感謝を申し上げます。

最後に、本書は、漢籍の学歴もない筆者があくまでも一読者として、広大なる「易経の世界」の一端をお伝えしたにすぎないこと、そして『易経』の解釈の自由さに甘んじて、体験で得た自分なりの解釈も加味しているということをお断りしておきます。

ここに、『リーダーの易経』を新しく書き起こす形で再び世に出すことができました。担当編集者の内田朋恵さんと、二十数年にわたり編集のお手伝いをしてくださっている、私の書き手としての後継者である都築佳つ良さんが、またもやわかりやすく生まれ変わらせてくれました。『超訳　易経』（二〇一二年、角川SSC新書）を出版した時以来の以心伝心トリオです。ほんとうにありがとう。

いつも励ましてくださる全国各地のセミナーや講座の受講生の皆さん、NHK文化センター「易経」講座受講生の皆さん、応援や協力、アドバイスをしてくださった多くの方々に感謝いたします。
拙著に対して各方面からいただきましたご感想やご批評に、この場を借りてお礼を申し上げ、またふたたびご批評、ご叱咤《しった》を賜れば幸せです。

ここで私の公式サイトとブログを紹介させてください。ブログでは毎日、「易経一日一言」を掲載しています。易経一日一言を一年間通して読まれれば、易経に書かれているおおよその内容を把握できます。お暇な折にでものぞいていただければとてもうれしいです。

公式サイト　http://www.aki-ta.com
ブログ【亞】の玉手箱2 http://plaza.rakuten.co.jp/anotamatebako2

二〇二〇年早春

竹村亞希子

目次

『超訳 易経 陽 ――乾為天《けんいてん》――』刊行にあたり 2

はじめに 18

序章 「占わなくてもわかる」――易経との出合い 20

龍が導くリーダーへの道 23

龍の話を読むコツ 27

第一章 潜龍《せんりゅう》から乾惕《けんてき》――志を打ち立て修養に励む 29

第一段階 志を打ち立てる――潜龍《せんりゅう》 30

潜龍を用いてはならない／確乎不抜の志を打ち立てる／認められないほうがいい時がある／不遇を楽しむ

第二段階 師となる人物に見習う――見龍《けんりゅう》 41

師となる人物と出会う／基本の「型」を学ぶ時代／原理原則を教えてくれる大人に学ぶ／大人のコピーに徹する／陥りやすい「見龍の目くらまし」／自分に問いかけながら型を学ぶ

第三段階　失敗に学び、日進月歩《にっしんげっぽ》する――乾惕《けんてき》　56

プロとしての技を磨く時代／君子とは何か／果敢に進んで失敗に学ぶ／大胆かつ細心に、前へ進む／マネジメント能力を養う／真摯に仕事に取り組む／量稽古の実践法

第二章　躍龍《やくりゅう》から亢龍《こうりゅう》――リーダーとして立つために　77

第四段階　飛躍《ひやく》の「機《き》」をとらえる――躍龍《やくりゅう》　78

機を観る力を養う時代／「機」がすべてを動かす／志に立ち返り、力を呼び起こす

第五段階　雲を呼び、雨を降らす――飛龍《ひりゅう》　88

飛龍は天に在り／絶好調の時がやってくる／次の亢龍へと続く道筋／すべての人、物、事が教えてくれている／聞く耳を持つ度量を身につける／諫めてくれる人はいるか

第六段階　驕《おご》り高ぶる龍の顛末《てんまつ》――亢龍《こうりゅう》　106

亢龍はかならず後悔する／行きすぎた亢龍の時代／人を生かし、時を動かした劉邦／自分の器量に頼った項羽／失墜する亢龍にならないために／自分のことに摺り合わせてみる

第三章　リーダーの原理原則——易経の基礎知識　127

龍の話の構成　128
天の働きが教える原理原則　129
天のシステムを知る　134
龍の話は春夏秋冬の物語　137
変化の定義　140
原理原則の根本は陰陽にある　142
八卦《はっか》と六十四卦《か》　146
龍は陰陽《いんよう》の〝陽〟を象徴する　150
易経の教えの要は「時中《じちゅう》」　152
時流に乗るな「時中《じちゅう》」を観よ　156

第四章 「時」と「兆し」を観る目を養う 159

物事は窮《きわ》まった時に変化する 160
兆《きざ》しはかならず報《しら》せてくる 162
兆しを観る素養 165
幾《き》(兆し)を観て立つ 168
時の風を観る 171
まわりのすべてが兆しを報せている 173

おわりに 178
陽の力の用い方/現代に用いる易経の智慧

「乾為天《けんいてん》」全文 186

引用・参考文献 194

はじめに

『リーダーの易経』（二〇〇五年に出版）は、私がはじめて書いた易経の本のタイトルです。易経の冒頭に書かれている「龍の話」を中心に七年かけて書いた本で、私にとっては特別の思い入れのある本でした。絶版後もビジネス雑誌などに取り上げられ、その後、『リーダーのための「易経」の読み方』とタイトルを変えて復刻版を出版しました。

その復刻版も絶版となったとき、『リーダーの易経』を復刻版でなく、超入門の超訳版として甦《よみがえ》らせてほしいとの依頼があり、本書の出版に至りました。

古典を読み慣れている人でも「易経は難しくてなかなか読めない」と言います。

じつは易経を読むにはちょっとしたコツがあって、それさえつかんでしまえば面白く読めるようになり、智慧《ちえ》の宝の箱を開くことができます。

かくいう私は、ただ本を読むのが好きだっただけで、特別に漢籍《かんせき》の素養があったわけではありません。そんな私が若い頃に易経に魅せられたきっかけは、「龍の話」との出合いでした。そして、何度も読み返すうちに、易経を読むコツなるものをつかみ得たのです。

易経が他の古典と異なるのは、「中《ちゅう》する」という、物事の解決策が書かれていることです。この解決策を私たちの人生に生かすには、いかに現代社会の現状に落とし込み、解釈したらいいのか。その研究を長年にわたり続けてきました。

しかし、人はある年齢に達しないと肚《はら》に落とせないこともあるようです。じつはこの十年間で、「龍の話」の解釈が私なりに以前よりも深まったように感じていました。そこでこの際、「龍の話」、「乾為天《けんいてん》」だけに特化《とっか》して新たに書き起こしてみよう。もっとわかりやすくするために、さまざまな事例を取り上げて深く掘り下げてみようと思いました。その結果、以前の『リーダーの易経』よりもはるかに読みやすく、深みのある内容に仕上がりました。本書が易経の世界を理解されるきっかけになれば幸いです。

最後に、この本は占いの本ではありません。解釈も多くの占いの本とはかなり違っています。易占いを学びたい方にとっては内容が異なります。また、私が体験で得た自分なりの解釈を加味していることを、最初にお断りしておきます。

序章

「占わなくてもわかる」——易経との出合い

多くの人に易経を役立ててもらいたいと思い、セミナーや講演活動を始めて四十年が経ちます。

『易経』というと、たいていの場合、「易占いの講座ですか?」と聞かれ、「いえ、占いではありません」という問答がほぼ毎回のように繰り返されます。なかには占いの講座と勘違いしたまま参加される人もいます。しかし、そういう人が講演を聴いて、がっかりするかといえばそうでもなく、「えっ、易経ってこんなことが書いてあったのか」と、かえって感心してもらえることも多いのです。

私が易経と出合ったのは二十代の前半でした。私もはじめは占い方が書いてあるのだろうと思って読み始めたのです。

本を開いて、最初に書いてあったのが龍の物語でした。地に潜《ひそ》み隠れていた龍がある過程を経て、大空に昇って飛龍《ひりゅう》になり、やがて衰退していくまでの物語が書かれていました。

短い文でつづられた寓話《ぐうわ》のような物語ですが、私の頭の中には生き生きとした龍の映像がまるで映画のように浮かんできました。そして、何度か読んでいるうちに、これはたとえ話になっていて、ここには物事の成功の条件と失敗の条件が書かれている、ということがわかってきました。

国や会社組織、また個人がどのような条件を満たすと盛んになり、あるいは盛んな国や会社がどのような条件を満たすと衰退するのか、その道筋が書いてあったのです。それがわかるとますます面白くなって、夢中になって読み進めました。

さらによく読んでいくと、これは単なる占いの本ではないと気づかされました。なぜなら、「ここに書いてある変化の法則を知れば、占わなくても、将来を見極めて自分で出処進退《しゅっしょしんたい》が判断できる。さらには問題が起きる前に、その兆《きざ》しを察知できるようになる」と書かれてあったからです。

「君子《くんし》占わず」という言葉を聞いたことがありますか。

君子とは徳高い王様、リーダーのことです。この言葉をはじめて知ったとき、「君子は易占いなどしない、してはいけない」という意味だと思いました。しかし、本来の意味は、荀子《じゅんし》が「善《よ》く易《えき》を為《おさ》むる者は占わず」と言ったことに由来していて、「易経に学んだ君子は、占わなくても出処進退がわかる」ということを意味しているのです。

このように、占いの書にして、「占わなくてもわかる」といっているところにますます感じ入りました。これが、私と易経の出合いです。以来五十年近く、易経の魅力にとりつかれています。

易経は占いの書であると同時に、帝王学の書として、儒教《じゅきょう》の経典「四書五経《ししょごきょう》」のトップに挙げられる経書《けいしょ》でもあります。古代の王様は、常日頃、易経を手元に置いて学ばなければなりませんでした。なぜならば、変化をいち早く察知して、先々を判断できることが、リーダーの条件とされていたからです。

よくリーダーは孤独だといわれます。たとえ良い部下や相談相手に恵まれていたとしても、誰かが将来を教えてくれるわけではありません。最終的な判断は人に頼らず自分がしなければなりませんし、その責任をすべて負う立場にいます。それは、太古の先人も同じ思いでした。

易経は、いかに時の変化を見極め、正しい判断をしていくべきか、ということについて研究に研究を重ねて、書かれた書物です。時代の荒波を乗り越えてきた先人の智慧《ちえ》は、混迷激変《こんめいげきへん》する現代のリーダーにとっても共感のできる、たのもしい示唆《しさ》を与えてくれるはずです。

しかし、易経を一から読んでいくには多くの難関があります。まず言葉や漢字、解釈が難しく、覚えなくてはならないたくさんの約束事があり、読むのにコツがいるからです。そこで本書は超入門編として、さわりのエキスを取り出し、私独自の解釈を交えながら、わかりやすくお伝えしていきたいと思います。

龍が導くリーダーへの道

易経が帝王学の書に発展したのは、易経のはじめに書かれている龍の話があったからです。この物語は、古代の王様の教科書として読まれてきました。

龍とは王様のたとえです。龍の話は、地に潜んだ龍が修養を重ねて、大空を翔《か》ける飛龍《ひりゅう》となり、やがて力が衰えていくまでの物語になぞらえて、天下を治めるリーダーに成長していくための変遷《へんせん》のプロセスが描かれています。そこで、このプロセスを自分に照らし合わせ、実践していくことで、リーダーに求められるあらゆる要件が学べ、さらに先々を見極める洞察力と判断力が養えるようになっています。

私は講演やセミナーなどでも度々、龍の話をしています。その理由は、ストーリーが明快で読み物としても面白く、易経の複雑な約束事を知らなくても読んでいけるからです。まさに起承転結《きしょうてんけつ》でつづられた、わかりやすく優れたリーダー論となっています。「易経は難解だ」といわれ、『論語《ろんご》』や『老子《ろうし》』、『荘子《そうじ》』などに比べると、人気がありません。しかし、龍の話をすると、皆さん目を輝かせて、身を乗り出すようにして聞いてくれます。私が龍に導かれるようにして易経を学び始めたことは先にもお話ししましたが、易経入門としても最適の入り口なのです。

易経はすべて、たとえ話になっています。龍は王様のこと、現代でいえば会社社長、代表取締役など、組織のリーダーのたとえです。

龍は想像上の生き物で、現実に存在する生き物ではありません。そして古来、龍はめでたいものとされてきましたが、なぜ、めでたいのかご存じでしょうか？

龍には雲がつきものといわれ、龍の絵や置物を見ると、かならず雲と一緒にいます。

なぜなら、龍には雲を呼び、雨を降らせる能力があるとされているからです。恵みの雨を降らせることで、地上の万物を養う生き物として崇《あが》められているのです。

じつはこの龍の働きがリーダーの役目を示し、雲はリーダーに従って働く人々をあらわしています。そして「雲は龍に従う」といって、龍が地上の変化を察して、呼びかけると、そこに雲が集まってきて必要なところに恵みの雨を降らせます。

これはつまり、「リーダーは、組織の目的をあきらかにして、働く人をそこに向かわせ、大きく社会を循環させて貢献することが役目である」と教えています。

リーダーである龍の性質は、健やかで強く、積極的に前に進みます。これは陰陽の「陽」の性質です。じつは易経では、龍は陽を象徴するものと決まっています。陰陽については、第三章で詳しく解説しますが、まずは、龍の話は陰陽の「陽の物語」であるとイメージを持って読み進めてください。

さて、龍が尊ばれるのは、その能力ゆえのことですが、はじめから力を発揮できるわけではありません。六段階のプロセスを経て、すぐれたリーダーへと成長していきます。易経では物語の場面が変わるごとに、その変遷の様子をあらわした六種類の龍が登場します。簡単にあらすじを紹介しましょう。

第一段階は、「潜龍《せんりゅう》」です。地中深くの暗い淵に潜《ひそ》み隠れている龍です。まだ世の中に認められるような力もなく、地に潜んで志《こころざし》を培《つちか》う時です。

第二段階は、「見龍《けんりゅう》」です。明るい地上に現われ、世の中が見えるようになります。修養のはじめとして、師を見習って物事の基本を学びます。

第三段階は、「乾惕《けんてき》」という段階です。毎日同じことを繰り返して修養に励みます。技と応用を身につけ、日進月歩《にっしんげっぽ》の成長をする時です。

第四段階は、「躍龍《やくりゅう》」です。修養を極め、リーダーになる一歩手前の段階です。独自性を持って、今まさに大空へ昇ろうと躍《おど》り上がります。

第五段階は、天を翔け、雲を呼び、雨を降らす「飛龍《ひりゅう》」です。リーダーとしての能力を発揮して、志を達成します。

第六段階は、「亢龍《こうりゅう》」です。高《たか》ぶる龍という意味です。高みに昇りすぎた龍は、やがて力が衰えて、降《くだ》り龍になります。

ちなみに、易経の本文の中に出てくる龍の名前は「潜龍《せんりゅう》」「見龍《けんりゅう》」「飛龍《ひりゅう》」「亢龍《こうりゅう》」の四つです。三番目の「乾惕《けんてき》」と四番目の「躍龍《やくりゅう》」は、わかりやすくするために易経本文に書いてある言葉にちなんで、本書ではこのようにあらわしています。

龍の物語は、正式には「乾為天《けんいてん》」と名づけられ、リーダーの成長の王道を語るとともに、栄枯盛衰《えいこせいすい》の道理も教えています。

龍の話を読むコツ

龍の話はたとえ話になっています。龍の成長になぞらえて成長過程が六段階のプロセスで描かれていますから、物語を読みながら自分は今どこの過程にいるのかなと、まずは想像してください。決めつける必要はありませんがこういう時があったな、これは今、経験していることと似ているなという部分を見つけ、自分の経験にあてはめてみることです。

それができたら、次になるべく具体的に摺《す》り合わせをしてみてください。

「摺り合わせ」とは、版画の木版の上に紙をあてて、摺って絵を浮き上がらせるイメージなのですが、書いてあることに今の状況を何回か照らし合わせ、そこからさらに色を重ねるように問題の解決策を探究していくことです。言葉で言うと最初は難しく思うかもしれませんが、読んでいくうちに「あ、このことか」とわかるかと思います。

堅苦しく、難しく考える必要はありません。龍の話はリーダーの成長だけでなく、万能な成長論でもあります。学問や技術を習得していく過程や、もっと広げれば趣味の上達まで、さまざまなことにあてはめることができます。

たとえば、はじめは趣味のゴルフの上達過程としてもかまいません。さまざまな成長過程として想像しながら読んでみてください。柔軟に発想を広げて自分以外の家族や子どものこと、会社の社員一人一人、あるいは自分の会社の成長としてあてはめてみるのもいいでしょう。

摺り合わせしながら読むことで自分の置かれている状況が客観的に把握できるようになり、問題の解決策や対処法を得ることができるようになります。

それでは、この龍の物語を潜龍《せんりゅう》の段階から読み進めていきましょう。

第一章

潜《せん》龍《りゅう》から乾《けん》惕《てき》——志を打ち立て修養に励む

第一段階　志を打ち立てる――潜龍《せんりゅう》

潜龍《せんりゅう》を用《もち》いてはならない

伝説によると龍は千年の間、水底《みなそこ》深い淵《ふち》に潜《ひそ》み、天の時を待って徳を養うといわれています。龍の話のはじめに登場するのは、地の奥深くに潜み隠れた「潜龍《せんりゅう》」です。

潜龍《せんりゅう》とは龍の能力を秘めてはいても、まだ時を得ていない、力がなく、世の中に現われることができない龍のことです。潜龍《せんりゅう》は潜み隠れていますから、外の世界からはまったく認められず、その気配すら感じられませんし、自分でもまだ世の中が見えていません。

このような潜龍《せんりゅう》の状況を私たち人間に置きかえてイメージしてみてください。

やがてリーダーに成長する可能性は秘めていても、まだ世間知らずで、知識も経験もなく、もちろん地位や実力、人脈も、実質的なことは何も備わっていません。はたから見ても、「この人は伸びる」とはまったく感じられず、将来性を認められることはまずありません。このような境遇《きょうぐう》に置かれている人を「潜龍《せんりゅう》」とたとえています。

たとえば、営業に行けば門前払い。名刺を渡せたとしても、すぐに捨てられてしまいます。顔も名前も覚えてもらえず、相手にされません。いくらやる気があって活躍しようとしても、「あいつはダメだ」とレッテルを貼られてしまう。

皆さんにもこのような潜龍《せんりゅう》の時代があったのではないでしょうか。少し発想を広げて考えてみてください。社会人になったばかりの時、独立して新しい事業を起こした時も潜龍《せんりゅう》の時代といえます。あるいはスポーツや芸術の分野でも、下積みの潜龍《せんりゅう》の時代があります。野球の二軍選手は潜龍《せんりゅう》といえます。さまざまなシチュエーションで私たちは潜《せん》龍《りゅう》の時を体験しているはずです。

では、潜龍《せんりゅう》の時代をどう過ごせばいいのでしょうか。はじめにこう書かれています。

潜龍《せんりゅう》用《もち》うるなかれ。
潜龍《せんりゅう》を世に用いてはならない。

「**潜龍《せんりゅう》用《もち》**うるなかれ」とは「この者を世に用いてはならない」ということです。

もし、自分が潜龍《せんりゅう》だとしたら、「焦《あせ》って世に出ようとしてはならない」という意味です。まだ力がついていないうちに何かをしようと思っても、認められるようなことは何もできません。ですから、活躍できると思って世の中に出てはならないと教えています。また相手が潜龍《せんりゅう》だとしたら、「その者を取り立ててはならない」という意味でもあります。つまり、その人を用いて成果を上げさせようとするなということです。「潜龍《せんりゅう》を用いる」とどうなるか。まだ使いものになりませんから、当然、成果はまったく上がらず、大失敗します。潜龍《せんりゅう》の状況を季節でいうならば冬の時期、何も芽生えない冬の不毛《ふもう》の大地です。将来、見事に花を咲かせるはずの種を、暖かい春を待たずに凍った大地にまいたらどうなるでしょうか。せっかくの種も芽を出せずに終わってしまいます。

また別のたとえをすると、私たちはいくら努力したところで、冬の不毛の大地を緑の大地に変えることはできません。しかし、時を待って春になれば、百花草木《ひゃっかそうもく》がいっせいに芽生えてきます。だから今は「用いてはならない」、時を待ちなさいと教えています。

しかし、何もしないで寝て待てということではありません。「潜む」とはじっと、静かにしていることです。冬の大地が春に備えて滋養を蓄えるように、動かず、静かにじっくりと内面の力を養う時なのです。潜龍《せんりゅう》の段階は、これからゆっくりと育てていく時というイメージを持ってください。じっくりと待てば、時々刻々と変化してかならず潜龍《せんりゅう》は育っていきます。

確乎不抜《かっこふばつ》の志を打ち立てる

潜龍《せんりゅう》の段階は不遇《ふぐう》な下積みの時代といえます。しかし、易経はこのような恵まれない境遇が、のちに大きな働きをする人材を育てる土壌なのだと教えています。境遇に負けずに自分自身を育てていくためには、何をすべきなのでしょう。解説文には次のように書かれています。

潜龍用《せんりゅうもち》うるなかれとは、何の謂《い》いぞや。子曰《しいわ》く、龍徳《りゅうとく》ありて隠れたる者なり。世に易《か》えず、名を成さず、世を遯《のが》れて悶《うれ》うることなく、是《ぜ》とせられずして悶《うれ》うることなし。楽しめばこれを行い、憂うればこれを違《さ》る。確乎《かっこ》としてそれ抜くべからざるは、潜龍《せんりゅう》なり。

潜龍《せんりゅう》を用いてはならないとはどういう意味か。

潜龍《せんりゅう》とは、やがて空を飛び雲を呼んで、雨を降らす龍の志を秘めながら、時を待って潜んでいる者のことだ。だから今は世の中を変えられず、名を成すこともできず、世間から遠ざかっても、悩み憂うることはない。良いと認められず、否定されても、悶々《もんもん》とすることもない。意とすることは進んで行い、不本意ならば身を退ける。このように、しっかりとして抜きがたい志を打ち立てる者、それが潜龍《せんりゅう》である。

何も認められなくても、無視されても、悶々としてはならないといっています。そして、ここで一番大切なことは、**「確乎《かっこ》としてそれ抜くべからざるは、潜龍《せんりゅう》なり」**です。この一文は「確乎不抜《かっこふばつ》」の四文字熟語の出典になっています。潜龍《せんりゅう》時代に、もっとも大切なことは、しっかりとして、抜きがたい、ぐらつかない志を打ち立てることです。「確乎不抜」とは、すべては志から始まるのだから、しっかりとした志がなくては何も始まらないということを教えているのです。

では、なぜ何の能力もない潜龍《せんりゅう》の時に志を打ち立てなさいと教えているのでしょうか。ここが要《かなめ》です。じつは、大志は潜龍《せんりゅう》の時しか抱くことができないからです。

この後、世に出て成長するにしたがって、地位やお金を手に入れていきます。すると、守るもの、欲しいものが増えていきます。また、知識と経験を積んで世の中を知り、できることとできないことがわかってきます。社会で成長していくにつれ、制約が多くなって大きな志を描けなくなるものです。

しかし、潜龍《せんりゅう》の時はそんなことは一切ありません。なぜなら、まだ何者にもなっていない、何も手に入れていない、世間からは徹底的に認められない、完全に無視される時だからです。何一ついいところがない潜龍《せんりゅう》ですが、見方を変えれば、何ものにも縛《しば》られていない、恵まれた時といえるのです。人から見たら荒唐無稽《こうとうむけい》と思われるような志を打ち立てたとしても、何も邪魔するものがありません。思う存分、際限《さいげん》なくイマジネーションを広げて、純粋に大きな志を描くことができるのです。これは潜龍《せんりゅう》の時代でなければできないことです。

ただし、志は妄想や野心ではありません。「いつか雲を呼び、雨を降らせて万物を養い、大いなる循環を起こす」、それが潜龍《せんりゅう》の志です。潜龍《せんりゅう》は、「社会のためになる大きな働きをしたい」と志を抱くのです。

ある講演で潜龍《せんりゅう》の話をしたとき、「夢と志は違うのですか？」と質問されました。夢と志、その違いの明確な定義はないのですが、易経の教えている志は、夢とは似て非なるものだと私は思っています。夢は描くといいます。夢は持っていたほうが人生が楽しくなります。でも、夢は結果的に実現しなくてもいいものです。

一方、志は「志を立てる」といい、厳しく、固く決意をするものです。ちょっとやそっとではあきらめない、かならず実現させると覚悟を決めることが確乎不抜の意味です。

そして、龍の志は大志であって寸志ではありません。「自分の志は将来、年収五千万円稼ぐ、高級車に乗って海外に別荘を持って……」というのは、大志のようですがこれこそ寸志です。個人の願望はリーダーが持つべき確乎不抜《かっこふばつ》の志とは程遠いのです。

なぜ、「確乎不抜」であらねばならないのかというと、志はゆらいだり、ぐらついたり、しぼんでしまいがちだからです。途中で逃げたり、あきらめたりするようではいけません。リーダーとして立った後も志はずっと保ち続けなければなりません。

志とは、できる、できないではなく、かならずそれをやり遂げるという信念です。まだ力もなく、何も形になっていない、人に認められない時に、自分だけは自分自身を認め、確信しなさい。そして底力を養いなさいと教えています。

認められないほうがいい時がある

潜龍《せんりゅう》の段階は可能性が満ち満ちている時です。なぜなら潜龍《せんりゅう》には、無から有を生み出す力があるからです。ところが目に見える現実だけにとらわれていると、やることはことごとく打ち砕かれ、ときには蔑《さげす》まれ、世間からはじかれてしまいます。こういう状況が長く続くと「自分なんかダメだ」と落ち込みます。でも、そうではなく、認められない時だからこそ、できることがあるのです。

潜龍《せんりゅう》はじっくりと力を蓄える時だと言いました。「静思《せいし》」「潜思《せんし》」という言葉がありますが、静かに心を落ち着けて、物事を思うことをいいます。社会に出て活動しだすと毎日の業務に追われて忙しくなりますから、ゆっくりと物思う暇はありません。忙しい時は「忙中閑《ぼうちゅうかん》あり」といって、時をあえてつくらなくてはならないのです。本当の意味での静かな時間というのは、潜龍《せんりゅう》の時代でなければ持てないのです。

内面の力を養う勉強や研究に集中、没頭《ぼっとう》して、大きな蓄積ができるのも潜龍《せんりゅう》の時だけです。そう考えられたなら、用いられない、認められない時は幸福だとさえ思えてきます。

事実、この潜龍《せんりゅう》の時代をずっと後に振り返ってみると、「あの頃が一番よかった」という人が多いものです。いずれ世に出る時のための準備期間だと思えたなら、こんなにも内面の充実につとめられる時はほかにはありません。

また、潜龍《せんりゅう》の時代は、世の中の風当たりも厳しく、下っ端扱いされます。しかし、この寒さ、厳しさが肥やしになるのです。たとえば、自分に対する人の接し方を肌で感じることで、その人となりがわかります。地の中に潜んでいるような存在だからこそ、嘘《うそ》偽《いつわ》りのない、人の本性や心根に触れることができるのです。これが後に「人を見る目」になります。

そもそも人間は、相手を見て態度を変えるものです。肩書きが立派で華やかで注目されている人に対しては、謙虚に接し丁寧に応対します。それが本心でなくてもそのようにします。一方、何も肩書きがない潜龍《せんりゅう》は一顧《いっこ》だにされず、見下されることもあります。

しかし、なかには人の地位や名声によらず、同じ人間として接してくれる人がいます。人によって態度を変えない人もいます。そういう心根に触れたなら、「こういう人になりたいものだ」と思うでしょう。まさに、思いやりの大切さや、人への応対を学ぶ時でもあるのです。

不遇《ふぐう》を楽しむ

このような不遇な潜龍《せんりゅう》時代を十年でも二十年でも耐える人もいれば「石の上にも三

年」はおろか、一年でも苦しむのは嫌だと逃げてしまう人もいます。

長い潜龍《せんりゅう》時代を過ごした人物の代表格といえば、殷《いん》（商王朝《しょうおうちょう》）の紂王《ちゅうおう》を倒した周王朝《しゅうおうちょう》の軍師、知の人、太公望《たいこうぼう》でしょう。七十歳半ばで周の文王《ぶんのう》に軍師として取り立てられるまでは失敗ばかり。のんびりと釣りをして過ごしていました。「釣れますかなどと文王《ぶんのう》そばに寄り」という川柳がありますね。

今は世の中を変えることができなくても、評価されなくても、悩んだり、くよくよしたりしない。また、いくら正しい考えで意見を言っても相手にされず、世間の片隅に追いやられても不平不満や愚痴を言ったりもしない。これが潜龍《せんりゅう》の心構えです。

不遇の中にあっても、悠々と過ごせる人は大きく成長していくと易経は教えています。

「遇と不遇とは時なり」と、荀子《じゅんし》も言っていますが、まだ時が来ていないからだけであって、自分を卑下する必要もない。よけいな心配をせずに自分のできることをすればいいということです。

なぜそれができるのかといえば、確乎不抜《かっこふばつ》の大志を育てているからです。そうでなかったら、こんなことはなかなかできることではありません。評価もされず、薄給の身が続けば、愚痴の一つもこぼしたくなり、悶々とするのが人間というものです。

また、潜龍《せんりゅう》の時は、正しいことをしようとしても否定され、非難されます。しかし世の中には、正しいことが通らない時がいくらでもあります。

とくに潜龍《せんりゅう》には力がありませんから、自分の意見は通ることはありません。そういうときはどうすればいいか。「世を遯《のが》れて悶《うれ》うることなく」とありますが、易経には、よく「遯」という字が出てきます。「そこからすみやかに逃げなさい」という意味です。「負ける戦いはするな。今は退き逃れて、さらに研鑽《けんさん》を積むことだ」といっています。

「楽しめばこれを行い、憂《うれ》うればこれを違《さ》る」とは、自分の志に適《かな》ったことならば、それを進んで行い、不正、不本意なことはせずにそこから去る、ということです。潜龍《せんりゅう》は下積みの時代ですが、だからといって志を曲げるようなことはせず、しっかりとした判断と行動をしなさいと教えています。

確乎不抜《かっこふばつ》の志を打ち立てた潜龍《せんりゅう》は、恵まれない時を生かして、地下で根を張り、成長していく時です。そして志を培《つちか》った龍は先見の明のある大人《たいじん》に見出され、次の段階へと進む時を得ます。

第二段階　師となる人物に見習う──見龍《けんりゅう》

師となる人物と出会う

潜み隠れていた龍は、ようやく時を得て地上に現われ、次の段階の「見龍《けんりゅう》」になります。「見える龍」と書きますが、世間から見られるようになり、そして自分も、真っ暗闇の地下から明るい地上に出て、世の中が見えるようになったということで、見龍《けんりゅう》と名づけられています。

また、「見」という字には見て学ぶ、見習うという意味も含んでいます。見龍《けんりゅう》はこれから師となる人物を見て学ぶ、見習いの修養をする時です。何を学ぶのかというと、物事の基本です。物事に向き合う姿勢、行動の基本の「型《かた》」を、見習って、しっかりと身につけていきます。

見龍田《けんりゅうでん》に在り。大人《たいじん》を見るに利《よ》ろし。

見龍《けんりゅう》は、修養の場（田）に現われる。大人《たいじん》を見て学ぶことだ。

はじめに「見龍田《けんりゅうでん》に在り」とあります。

龍が水田に現われました。龍は水を司《つかさど》り、雨を降らせる生き物であることから「龍は水もの」といわれ、決まって水の中から姿を現わします。そして田んぼはものを生み出し、育てて実りを得るための基盤《きばん》であり、稲作を学ぶ場です。つまり、見龍《けんりゅう》はこれから仕事をしていくための基本を学ぶ実践の場に現われたのです。

では、仕事の基本をどうやって学んでいけばいいのでしょうか。

その答えが、「大人《たいじん》を見るに利《よ》ろし」です。

潜龍《せんりゅう》がなぜ地上に出てくることができたのかというと、自力で出てきたのではありません。「将来伸びるかもしれない」と、秘めたる志を抱いた龍を見出してくれる大人《たいじん》と出会い、地上に引き上げられたのです。大人《たいじん》とは、つまり飛龍《ひりゅう》のことで見龍《けんりゅう》にとっては、「こうなりたい」と思う自分の将来像を実現している師となる人物のことです。ようやく見えるようになった目で、師の一挙一動をよく見て学びなさいと教えています。

基本の「型」を学ぶ時代

見龍《けんりゅう》の「見」には、世間から「見られる」、自分でも世間が「見える」「見習う」というほかにもさまざまな意味があります。「見える《まみ》」「出会う」「見て真似る」、それから、「聞く」「従う」などです。

武芸、スポーツなど、あらゆる分野において共通することですが、学びのはじめは、まず基本の「型」を見様見真似《みようみまね》で身につけることです。これは仕事でも同じです。まずは、師が教える姿勢、立居振る舞い《たちいふるまい》、フォームを真似ることから始まります。「学ぶは真似るなり」といわれ、「学ぶ」のもとは「まねぶ」という言葉でした。昔の人はあれこれ言葉で教えるのではなく、「見て盗みなさい」と言ったものです。学ぶということは真似ることなのです。

基本の「型」と言いましたが、これは武芸ではじめに習う、手本となる姿勢、動作のことです。日本の武道（剣道、柔道、弓道など）や茶道、華道、書道など「道《どう》」とつくものは、「型に始まり、型に終わる」といって、かならず基本の型から入り、身につけた型は成長し続けるための基盤となります。なぜ最初に「型」を身につけるのかといえば、型がなければ技を創出《そうしゅつ》することはできないからです。

「型」の物真似という稽古論を確立したのは、室町時代の猿楽師《さるがくし》、世阿弥《ぜあみ》です。世阿弥は型という言葉ではなく「形木《かたぎ》」（物のかたちを彫り込んだ版画の板）とあらわしていますが、型とはまさに、そのまま写し取って摺《す》り込むように覚えていくものなのです。この「形木」を後に武芸や武道の世界で「型」と呼ぶようになったそうです。

見龍《けんりゅう》は目が開いたばかりのよちよち歩きの龍です。まだ技術を習得する段階ではありません。ようやく明るい世界に出てきて、世の中が見えた、何でもできるとうれしくて仕方がない、そんな段階です。

しかし、子どもが歩き始めた時、うれしいからといって無理に走らせたり、歩かせたりしたら脚を痛めます。それと同じで、まだ足腰がしっかりしていないうちに、期待に応えようと無理をすれば、自分自身が成長するための障害になります。

見龍《けんりゅう》の段階でもっとも重要な課題は、「基本の型」をつくることです。見て、真似る、受け容《い》れる、聞き従う、これが見龍《けんりゅう》の時にすべきことです。それ以上のことをする必要はありません。師が教えることをひたすら繰り返し真似て覚える。そうやって、見龍《けんりゅう》はまず社会での立ち方、歩み方の基本を学ぶ必要があるのです。

原理原則を教えてくれる大人《たいじん》に学ぶ

潜龍《せんりゅう》は大人《たいじん》と出会い見出されて、ようやく時を得て見龍《けんりゅう》になれると話しました。

ところで、大人《たいじん》との出会いにはさまざまなパターンがあります。大人《たいじん》に見出されるだけでなく、潜龍《せんりゅう》の側から「どうしてもこの人に学びたい」と願い出ることも、大人《たいじん》がその志を見出すことには変わりません。

潜龍《せんりゅう》が培った志は必ず光となって漏れ出します。もちろん、これは目に見える光ではありませんが、大人《たいじん》とは修養を積み、志を実現した飛龍《ひりゅう》の段階にある人のことですから、観る目を持った大人《たいじん》は「これはものになるぞ」と、潜龍《せんりゅう》を見出すことができるのです。

皆さんにも、人との出会いが転機になったという経験があるのではないでしょうか。人が成長する過程ではかならずこうした師との出会いがあるものです。そして、志が確《かっ》乎不抜《こふばつ》であるならば、その志に見合った師に出会うのです。これは飛龍《ひりゅう》の段階で詳しく解説しますが、共振共鳴《きょうしんきょうめい》が起こって互いに引き寄せ合うと易経に書かれています。

では、見龍《けんりゅう》が見習うべき大人《たいじん》とはどのような人物でしょうか。解説文を読んでみましょう。

見龍田《けんりゅうでん》に在り、大人《たいじん》を見るに利《よ》ろしとは、何の謂《い》いぞや。子曰く、龍徳《りゅうとく》ありて正しく

中《ちゅう》する者なり。庸言《ようげん》これ信《まこと》にし、庸行《ようこう》これ謹《つつし》み、邪《じゃ》を閑《ふせ》ぎてその誠を存《そん》す。世に善《よ》くして伐《ほこ》らず、徳博《とくひろ》くして化《か》す。易《えき》に曰く、見龍田《けんりゅうでん》に在り、大人《たいじん》を見るに利《よ》ろしとは、君徳《くんとく》なるなり。

水田に現われた見龍《けんりゅう》は大人《たいじん》を見て学びなさいとはどういうことか。見龍《けんりゅう》が学ぶべき大人《たいじん》は、志がしっかりして、当たり前のことが当たり前にできる人である。日頃の言動に嘘偽りがなく、行動には謙虚な謹《つつし》みがある。そして邪《よこしま》な心をあらわさず、誠心誠意、仕事に取り組む。世の中の役に立っても、驕《おご》らず、自分を誇らず、誰もがこれに似たい、見習って成長したいと思う。見龍《けんりゅう》はこういう大人《たいじん》を見て学ぶことで、君子の徳を身につける。

「正しく中《ちゅう》する」の「中」は「中《あた》る」とも読み、寸分違いなく、まさしく的に中《あた》る、鋭く物事の的を射ることです。それは、原理原則に従った、当たり前のことを当たり前にできることです。

つまり、「中《ちゅう》する」とは曖昧《あいまい》なことではありません。怒るべき時には怒る。許すべき時は許す。悲しむべき時は悲しみ、喜ぶべき時は喜ぶことです。

別の言い方をしますと、こっちの意見、あっちの意見のいいところをとって、バランス良くまとめようという、折衷案《せっちゅうあん》ではないということです。折衷案を重んじていると、その時の的を射ることはできません。つまり「中」とは、バランスをとることではなく、臨機応変かつ、〝ぶれない〟ことなのです。

「庸言《ようげん》これ信《まこと》にし」は的を射た意見です。その時にぴったりで、それでしか表現しようがないぐらいの誰もが納得する意見です。**「庸行《ようこう》これ謹《つつし》み」**、「謹《つつし》み」とは、真摯《しんし》に励んで、出処進退をわきまえる、というのが本来の意味です。それは朝のあいさつを忘れないことでもあり、履物《はきもの》をそろえられることでもあります。

「邪《じゃ》を閑《ふせ》ぎてその誠を存《そん》す」とは、自分の心の邪を防いで、悪いことはしない、いいことは進んでやることです。邪は外から来るものではありません。私たちの中に正と邪の両方をあわせ持っているのです。人は自分の中の邪を認めて、はじめて邪を防ぐことができます。

次に、**「世に善《よ》くして伐《ほこ》らず」**。見龍《けんりゅう》が学ぶべき大人《たいじん》は権力を誇示しません。「伐《ほこ》る」は、誇って、自慢していい気になるだけでなく、人を伐《き》るという意味があります。世の中に貢献しても、それをいばらない。能力がない人や弱者を傷つけたり、自分の思いどおりにならない人を切り捨てたりしないのです。

つまり、大人《たいじん》の行いというのは、人としての基本の型、世の中の大常識です。見龍《けんりゅう》が大人《たいじん》の姿勢を見てまず学ぶべきは、これらのことを自分も当たり前だと思うまでに身に染み込ませることなのです。これを基本にすれば、世の中を潤して万物を養うリーダーに成長すると教えています。

大人《たいじん》のコピーに徹する

さて、大人《たいじん》を見て真似るといっても、いいところをちょっとだけ真似ようというのではありません。「**大人《たいじん》を見るに利《よ》ろし**」とは「大人《たいじん》のやることを見たまま、聞いたまま、丸ごと真似て覚えなさい」と教えています。

書道でもはじめは師が書いた字をお手本にして練習しますが、このとき、少しだけ似ているだけではダメなのです。そっくりそのまま、コピー機で写し取ったように書けるまで練習します。

見龍の段階では応用力や、ましてや独創性は発揮できません。師が間違っているとか、正しいとかの批判精神は不要、そのまま受け容れて徹底的に聞き従う時ですから、ひたすら見て、真似るだけです。そうして基本の型を体で覚えていくのです。

たとえば武道で最初に習う基本の型は、まず立ち方と姿勢です。足はどの位置でどのくらいの角度で開くのかとか、顔の向きはこのように、重心はどこに置いて、意識を臍《せい》下丹田《かたんでん》に持っていって、目はどこを見るかなど、細かな決まり事があります。一つでも見落とすとコピーにはなれません。ですから、その師の立ち方、姿勢、そして動きをよく見て、徹底的に目に焼きつけて繰り返し、繰り返し真似ていきます。

基本の型をマスターするには、師の言うことをすべて受け容れて飲み込むことです。本気で覚えようという必死さと覚悟がなければコピーに徹することができません。解説文にはこのように書かれています。

見龍田《けんりゅうでん》に在りとは、時舎《ときす》つるなり。

修養の場にある見龍《けんりゅう》は、時を捨てて一心不乱に学ぶことだ。

「舎」という字は「捨てる」また「宿る」という意味があります。しっかりと基本を身につけるには、時を捨てるくらいのつもりで、時間を費やして集中しなさいと教えています。

また、型をそっくりそのまま真似るということは、自分と師の区別、境界をなくすことです。子どもが覚えるのが早いのは、自分と人の区別をつけず、無心に真似をするからです。つまり自分の考えをなくしてすべて大人《たいじん》に当てはめる、それが「時を捨てる」、「宿る」という意味です。

陥りやすい「見龍《けんりゅう》の目くらまし」

師のコピーに徹することで、最初は意識しないとできなかったことが、繰り返すうちに、意識せずとも真似できるようになってきます。癖《くせ》まで似てくるほど師をコピーする。それが基本の型をマスターするコツです。

しかし、ある程度、師の真似ができるようになってくると、陥りやすいことがあります。先にも言ったように、見龍《けんりゅう》は見えなかった状態から急に視界が開けますので、すべてが見えたと勘違いしやすいのです。

最初のうちは素直に教えられるとおり、見たとおりにやっていきますが、しばらくして少しできるようになってくると、「これは自分のやり方に合わない」「もっとこうしたほうがいいのに」と、自分勝手な考えや感覚でやりだします。すると、とたんに型が崩れていきます。

もし型を徹底的にマスターして、師のやるとおりにできたならばそれは素晴らしいことです。しかし、その時点で師と同じレベルに達したと言えるかといったら、もちろんそうではありません。師から見れば、やっと物真似ができるようになっただけです。ところが見龍《けんりゅう》は何もかも見えたと錯覚してしまうのです。そしてやりすぎて、走りすぎて失敗するのです。これが中途挫折の原因の一つです。

何もかも見えたように錯覚することを、私は「見龍《けんりゅう》の目くらまし」と名づけています。見龍《けんりゅう》にはまだ目の前に映ったもの、垣間《かいま》見たものしか見えていません。大まかな印象をとらえているだけで、細やかな動きをとらえられない、次にどのような動きがあるか、まだ予想がつきません。ましてや俯瞰《ふかん》して客観視できているわけではないのです。

型の稽古《けいこ》を確立した世阿弥《ぜあみ》は、『風姿花伝《ふうしかでん》』の中で年齢に応じた稽古論を説いています。その中で、人に感動を与えることを「花」とあらわしていますが、十代、二十代でもその時に応じた花が咲く、しかし、それは「時分《じぶん》の花」、つまりその時だけの花であって、「まことの花」ではないといいます。

二十四、五歳になると、若さと容姿、新人の珍しさで名人より褒められることもある。しかし、それは「時分の花」にすぎず、それを「まことの花」と勘違いすれば、真実の花から遠ざかる。それにいい気になるのは愚《おろ》かなことだといっています。まさに型をマスターし始めた見龍《けんりゅう》が陥りやすい「目くらまし」です。建物の基礎をつくらずに柱を立てることはありえないと、私たちは頭ではわかっていますが、どうしても早く技を身につけ、立身したいと思うものです。

見龍《けんりゅう》の時はただ無心に、ひたすら師を真似ること。これを知っているか、知らないかでは大違いで、まったく成長の度合いが変わってきます。知っていれば、無理をしないで基本の型をつくることに集中できます。

見龍《けんりゅう》の段階はとにかく型をつくることが、次の段階へステップアップするための一番の近道なのです。絶対に先走らないことが大切です。教える側もそれ以上は求めないこと、これが重要な役割です。

自分に問いかけながら型を学ぶ

私は易経の読み下し文を繰り返し声を出して音読してきました。正しくはこれを素読《そどく》といいます。易経講座やセミナーのときもまず音読から始めています。昔は「読む」というと音読することをいいました。なぜ、音読するのか。目で見て、声に出し、耳で聞く、脳に語りかけ、摺《す》り込みをされて沁《し》み込んでいく。音読すると、そのリズムごとスッと頭と体に入ってくるからです。

易経は古典の中でもとくに難解といわれますが、学ぶときのコツは、わからないことはわからなくてもいい、わからないままに受け止めることです。考えても混乱するだけですから無理に考えず、決めつけずに繰り返し読んでいくことです。そして、わかることから学んでいくと、そこから、わからないと思っていたことにつながって、あとから理解がついてくるものです。

見龍《けんりゅう》の学びもこれに同じで師から教わることを自分の物差しにあてず、まるごと素直に受け容れなければ型が身につきません。大地が天の働きをすべて受け容れて、万物を化成するように、まず受け容れることが自分を育てるのです。これはわかるけれど、これはいくら考えてもわからない、できないから違う、などと選り好みしていたら、歯車の歯がところどころ抜けたような学び方になり、型が形成されないのです。

「学ぶ」は、「真似る」と語源が同じです。まずは教えられたことを素直に受け容れて真似てみる、そして自分に問いかけていく。これが学びの原点であると易経は教えています。次の解説文を紹介しましょう。

君子は学《がく》もってこれを聚《あつ》め、問《もん》もってこれを辨《わか》ち、寛《かん》もってこれに居《お》り、仁《じん》もってこれを行なう。易《えき》に曰く、見龍田《けんりゅうでん》に在り、大人《たいじん》を見るに利《よ》ろしとは、君徳《くんとく》なるなり。

師に学び、学ぶべき基本の型の数々を集めたなら、疑問点をまず自分に問いかけて、理解を深めることだ。そのときに自分の考えで何が是か非かなどと決めつけず、正解は一つではないと探究しながら、あらゆることを受け容れる寛容な姿勢が大切である。また人に対しては尊敬と親しみをもって学ぶことだ。初心の見龍《けんりゅう》が、大人《たいじん》を仰《あお》ぎ見て基本を体得するならば、君子の徳を身につけるだろう。

「**学《がく》もってこれを聚《あつ》め、問《もん》もってこれを辨《わか》ち**」という一文は、「学問」という言葉の出典になっています。基礎をつくるために必要なものを集めるということです。そして、何か一つだけではなく、いろんな形、型を何度も、何度も見て覚えることです。

「**問《もん》もってこれを辨《わか》ち**」は、これは師に問いかけることでもあるのですが、その前に、まず自分に問いかけるのです。

自問自答のやりとりをしながら、ああでもない、こうでもないと考えることで、学んだことを咀嚼《そしゃく》していくのです。自分のものにするために興味をもって、イマジネーションを膨らますことが大切です。

もし、自分から知りたいと思わなかったら、問いは出てきません。また、片っ端から師に質問して答えをもらおうというのは、学問ではないといっています。自分の中で十分に考え練って、そのあとでする質問というのは、凝縮されていて本質を突く鋭い質問なのです。

また、よく「要点だけを教えてください」という人がいます。要点を聞いて、短絡的に「わかった」というのでは、本当にわかったことにはなりません。たとえ表現が同じでも、自分の経験を通して学んだこと、肚《はら》に落とし込んで自分で出した答えは重みがあり、力を発揮するのです。

まず学び集めて、自問する。これを何度も、何度も、繰り返すことによって、学ぶべきことのピントが合ってくるのです。それが、「学問」というものだ、と教えています。

第三段階　失敗に学び、日進月歩《にっしんげっぽ》する——乾惕《けんてき》

プロとしての技を磨《みが》く時代

「見龍《けんりゅう》」は大人《たいじん》に見習って、基本の型を徹底的に真似《まね》る時でした。そうすることで基礎ができました。そして次の段階、「乾惕《けんてき》」に進みます。

この時代は基本の型から技を生み出す段階です。その道のプロとしての技術や創意工夫をものにするためには、見龍《けんりゅう》の時のように人真似《ひとまね》だけをしていればいいものではありません。ここからはある程度、自分の頭で物を考えて判断する独《ひと》り歩きの段階になります。

そこで易経は何と教えているでしょうか。本文を読んでみましょう。

君子終日乾乾《くんししゅうじつけんけん》、夕べに惕若《てきじゃく》たり。厲《あやう》けれども咎《とが》なし。

君子は、朝から晩まで、前へ前へと積極的に努力邁進《まいしん》し、そして夜、独りになった時に「あれでよかったのか」と、恐れ震えるがごとく一日を省《かえり》みなさい。そのようであ

れば、危うく不安もある時ではあるが、失敗に学ぶことができるだろう。

「君子《くんし》終日《しゅうじつ》乾乾《けんけん》」の「乾《けん》」は積極果敢《かかん》に前へ、前へと進むという意味です。そして「夕べに惕若《てきじゃく》たり」の「惕《てき》」は恐れて悩む、という意味です。夜独《ひと》りになった時に今日一日を振り返り、恐れるがごとく、悩むがごとく、反省しなさいと教えています。ここでいう「反省」は振り返りと内省（リフレクション）の意味でもあります。

見龍《けんりゅう》で基本をマスターして、龍の力は育ってきました。何事も育っていく過程ではかならず、やりすぎの時代があります。育っていくのですから、やりすぎなくてはいけない時があり、やりすぎがいい時があります。これが乾惕《けんてき》の時代です。

これまでの龍の成長を春夏秋冬にたとえると、潜龍《せんりゅう》は不毛の時代で冬だと言いました。地上に現われた見龍《けんりゅう》は、芽生えの春です。そして乾惕《けんてき》の段階は初夏にあたります。植物が勢いよく枝葉を伸ばして、青葉をいっぱいに繁らせる時とイメージしてください。この時は、伸びすぎるくらい伸びていきます。

初夏には田んぼの稲も雑草も一緒に勢いよく生長しますが、雑草は稲の水分や養分を取ってしまうので、質の良い米を得るためには雑草は刈り取ります。

人間も同じです。人間の成長過程の初夏にあたるのは青少年期です。青少年期は急成長して独《ひと》り歩きができるようになります。それとともに、やってはいけないこともいっぱいやるようになる危うい時期です。放置しておくと悪い大人《おとな》になりますから、たまにピシリと叱《しか》りつけて一人前に育つようにします。

仕事において、乾惕《けんてき》の段階は急成長期で、これまで方向性を指し、育み、教えてくれた大人《たいじん》の手を離れ、独り歩きが始まる時です。これからは自分の意志で前へ前へと進み、日々、省みて質の向上を目指し、自分を育てていくのです。日中はとにかくやりすぎるくらいに業務に励み、夜は一日を振り返って、恐れて震えるほどに反省することを、毎日繰り返します。

これが基本の型から優れた技術を創出するためにすべきことです。私はこの段階を「乾惕《けんてき》」と呼んでいますが、「乾《けん》」（強く前進）と「惕《てき》」（恐れ省みる）、この二つの実践をセットで行うことに意義があり、確実な成長の糧《かて》となります。

君子とは何か

乾惕《けんてき》の段階は何々龍という名づけはなく「君子《くんし》」という言葉が出てきます。君子とは龍、つまり、リーダーのことですが、この本文ではリーダーを志す人という意味になります。ここで君子とは何かについて少し触れておきたいと思います。

「君子」とは、一般に徳高く品位が備わった人のことをいいます。易経には君子に対して小人《しょうじん》という言葉が出てきますが、小人《しょうじん》とは小人物のことです。君子を王様とすると、小人《しょうじん》は大衆を指します。また、君子は徳高い人に対して、小人《しょうじん》は徳がなく卑しい人をいいます。

さてこれは、私が易経を学んで行き着いた独自の解釈ですが、易経に書いてある君子とは、自分のことは度外視しても、国や社会、人のためを考え行動する人で、一方、小人《しょうじん》は自分さえよければいい、つまり私利私欲のために行動する人と考えています。

たとえば国や組織が危機的状況に直面した時、保身に走ったり逃げ出したりせず、自分の身をなげうってでも、国や組織を守ろうと思うのが君子の生き方です。

君子はかくあるべきとはいえ、本音を言えば、人は何よりも自分のことが一番大事なものです。いざという時は、本能的に自分を守ります。つまり私たちは皆、もともとは小人《しょうじん》なのです。

しかし、たとえあなたが小人《しょうじん》であっても、リーダーの立場、親の立場、上司の立場に立った時は、君子の姿勢を持たなくてはならない、と易経は教えているのです。

人は守るべきもの、養うべきものがあると強くなれます。自分のためだけだったら、それほど頑張れません。では君子の姿勢とは何か。広い意味でいえば、たとえ幼子《おさなご》であっても、弟や妹が生まれて自分が彼らを守らなければならないと思った時から、君子になるのです。

私は易経を学びながら、君子とは何か、また小人《しょうじん》とは何かとずっと探究してきました。そして、この解釈に行き着いたときに、肩肘を張らずに等身大で易経が読めるようになりました。

この乾惕《けんてき》の段階から、君子の道、リーダーとしての在り方の本題に入っていきますが、「そもそも人間は小人《しょうじん》だ」というところから出発して、これから先を読み進めてみてください。私がそうであったように、理解の幅が広がることでしょう。

果敢に進んで失敗に学ぶ

さて、本文の解説に戻りましょう。

「君子終日乾乾《くんししゅうじつけんけん》」の「乾乾《けんけん》」は積極的に前に進むという意味が二つ重なっていますが、

これは「乾《けん》」＋「乾《けん》」の足し算ではなく、「乾《けん》」×「乾《けん》」のかけ算だと思ってください。つまり、積極果敢に前へ、前へと進み、できることをとにかくやりなさい、後ろを見ないで、絶対に退かないで、やりすぎなくらい前へ進みなさいということです。

乾惕《けんてき》の段階になると、まず仕事ではじめての担当を任されます。一つこなせたら、また新たな仕事がやってきます。今の自分にできるかなというような難しい仕事を任されても、勇気を持ってやってみる。尻込みしてはいけないのです。

とはいえ、まだできないことのほうが多く、危うい時ですから、当然、不安もあります。恐いのが当たり前ですが、不安や恐怖心があっていいのです。恐怖心があっても前に進むから勇気というのです。不安も一緒に抱えて前に進み、持てる力を全部発揮して、思い切りやることが重要だと教えています。

前へ進む力が強ければ強いほど、かならず失敗します。「夕べに惕若《てきじゃく》たり」とは、夜独《ひと》りになった時、寝る前のほんの三十分でもいいから「今日の自分はどうだったか」と、その時に恐れるがごとく反省しなさいと教えています。夜寝る前に一日を振り返る。これを習慣づけることが大切です。

見龍の段階は基本の型を学ぶ時でした。空手の習得過程でいうと、攻撃の型と受け身の型を学び、そして次に相手と対する実戦的な組手《くみて》を学びます。組手といっても、攻防《こうぼう》の型を学ぶ、約束組手（相手がこう来たらこう受ける、とあらかじめ約束された型の練習）までです。

一方、乾惕《けんてき》の段階は、試合を想定した自由組手を学びます。ここではフリーな動きが加わってきますが、自由な動きが伴うと基本の型が崩《くず》れます。そこで、型が崩れたら正す、また崩れたら正す、という量稽古《りょうげいこ》をする段階なのです。これを繰り返すことで基本の型が技に転換してきます。こうしてはじめて技術のレベルに達するのです。

仕事でも、ある程度の判断を自分がしなければならなくなると、マスターしたはずの基本の型が崩れてきます。その結果、自分のミスに加え、予期しないトラブルも次々と起こり、対処できずに失敗します。失敗をしたら恥をかいて落ち込みますが、そのおかげで二度とこんなことはしないと反省して、対処の仕方を覚えます。失敗やトラブルを振り返り、学ぶことで、創意工夫と技が生まれてくるのです。

ですから、失敗に学ぶためにも多少リスクのある仕事をしたほうがいいのです。ただし、二度と同じ失敗を繰り返さないためには、一日の終わりに考える時間をつくることです。そうすれば、失敗という体験を経験に変えることができるのです。

この段階は失敗することが問題なのではなく、それに対処できないことが問題になります。「なぜうまくいかなかったのか、どこがいけなかったのか」と徹底的に原因を突き止め、対処法を見出していきます。

大胆かつ細心に、前へ進む

乾惕《けんてき》の段階では、うまくいって成果が上がった時でも、「本当にあれでよかったのか」と反省する癖をつけましょう。じつは失敗よりも恐れるべきは、うまくいったつもり、勝ったつもりになっている時です。業績が上がった、褒められた、というその時こそ恐れなさいと教えています。

失敗した時は必死になって反省しますが、うまくいくことが多くなると反省をさぼるようになります。ところが、よくできたと思っていたのは、たまたまうまくいった〝嘘勝ち〟かもしれません。ですから、「違う条件だったらどうだったのか」「途中で何か問題が起きていたら、どうだったのか」、それを調べるために振り返るのです。すると、あれでよかったと思い込んでいたことが、じつはいけなかったということにしばしば気づくものです。

日々、昂揚感《こうようかん》をもって、少しやりすぎるくらい大胆に進み、夜になったら細心の注意をもって振り返る。すると、明日やるべきことが浮き彫りになってきます。

「乾惕《けんてき》は反復《はんぷく》の道なり」と易経は教えています。毎日、毎日、反復することでプロとしての自覚が芽生えてきます。そして、引き受けたことをきちんとやり遂げていく中で、問題意識や、問題を発見する能力が高まります。そして繰り返し反復継続することで、かならず技の創出へと到達することができると教えています。ここでようやくプロとしての水準に達するのです。

マネジメント能力を養う

乾惕《けんてき》の段階の大敵は、マンネリズムに陥ることです。この段階になると、基本的なことは難なくこなせるようになりますから、かなりの意志を持って物事に対していないと、慣れからマンネリ化が起きます。

マンネリズムに陥ると何が起こるでしょうか。気がゆるんでほんの小さなトラブル、小さなミスが起こってきます。ささいなミスは「注意不足だったな」と、自分も軽い気持ちで済ませてしまいますし、上司も小さなミスに対しては「気をつけろよ」で終わらせます。つまり恥をかいたり、怒鳴られたり、手痛い思いをしなくて済むのです。

ところが、起きてはならないはずのミスとは、じつは日常的なささいなミス、いわゆる凡ミスです。人間は小さな小石につまずき、大きな石や岩にはつまずきません。これしきのことにつまずくのです。不祥事が起こるのは、小石につまずくような、日常のささいなミスの積み重ねによります。小さなミスを当たり前のように見過ごすという悪い癖づけが積み重なった結果です。

しかし、ここで問題意識を持つという良い癖をつけたなら、それは大成長、大発展の礎《いしずえ》となります。薄皮《うすかわ》を重ねるように厚い層になって、ある時、積み重ねた量が質に転換して、技に変わるのです。凡ミスを見逃すという悪い習慣も同じで、薄皮を積み重ねるように膨らんでいきます。ハッと気づいた時には、大事件、大事故に発展していくのです。

「乾惕《けんてき》」の実践を癖づけることで、なぜミスが起きたのかという問題意識が育ち、トラブルのパターンを認識できるようになります。そして、よく似たパターンが出てきた時に、前もって問題を察知できるようになります。

ですからこの段階は、とにかく量稽古です。あらゆる経験を積むために果敢に仕事に挑む。すると、突然、本物の技が生まれ育ってきます。どのような問題が起きても、工夫して対処できるようになる。さらには、問題を未然に防いで目的を達成できるようになる。そしてコツがつかめてくる。これがマネジメント（つまり、苦労して、工夫して、目的を達成する）能力、問題対処能力といわれるものです。

この能力が、リーダーになった時に、不祥事を起こさないための危機管理能力につながっていきます。

真摯に仕事に取り組む

さて、これまで話してきたことを身につけるためには、どのような姿勢で取り組んでいけばいいのでしょうか。解説文を読んでみましょう。

君子《くんし》終日《しゅうじつ》乾乾《けんけん》、夕べに惕若《てきじゃく》たり、厲《あやう》けれども咎《とが》なしとは、何の謂《い》いぞや。子曰く、君子は徳に進み業《ぎょう》を修《おさ》む。忠信《ちゅうしん》は徳に進む所以《ゆえん》なり。辞《ことば》を修《おさ》めその誠《まこと》を立つるは、業《ぎょう》に居《お》る所以なり。至《いた》るを知りてこれに至《いた》る、ともに幾《き》（を言う）べきなり。終わるを知りてこれを終わる、ともに義《ぎ》を存《そん》すべきなり。この故に上位《じょうい》に居《お》りて驕《おご》らず、下位《かい》に

在《あ》りて憂《うれ》えず。故に乾乾《けんけん》す。その時に因《よ》りて惕《おそ》る。危うしといえども咎《とが》なきなり。

朝から晩まで積極果敢に進み、夜は恐れるほどに反省する。そうであるなら、危うい時でも咎《とが》めはないとはどういう意味か。

君子を目指す者は、仕事の質の向上のために邁進《まいしん》し、日々の業務を修めなさい。質の向上を目指すということは、自分をごまかさず、人をあざむかず、経験と信頼を積むことである。業務の責任を担って取り組めば、その言葉にはおのずと誠心があらわれ、人に伝わるのである。

今の状況がどこに至るのか、それを前もって予測し計画を立て目的に至る。これがやがて兆しを察知する力になる。そして、最後まで自分に厳しく、責任を持って業務を終え、成果を上げるべきである。このように励んだならば、人の上に立っても驕《おご》らず、人の下にあっても将来を憂うることもない。たゆまず日々前に進み、その時々に恐れて省みることだ。危うい時とはいえ、咎《とが》めを受けることはない。

「君子は徳に進み業《ぎょう》を修《おさ》む」とあります。これは、日々、仕事の質の向上に努め、業を修めることだと教えています。

一つのことを徹底的にやり遂げるという仕事を通して、人は育つといっています。失敗や問題をそのままにしたら、業務を修めたことにはなりません。問題をおろそかにせず、対処工夫することが、すなわち徳に進むこと、質の向上につながります。

乾惕《けんてき》の段階は、毎日、毎日が同じことの繰り返しです。仕事への昂揚感《こうようかん》や充実感、感動といったモチベーションがないとマンネリに陥《おちい》ってしまいます。

そこで次に「忠信《ちゅうしん》は徳に進む所以《ゆえん》なり」とあります。「忠」は、自分に対して嘘をつかないこと、「信」は人に対して嘘をつかないことです。この嘘とは問題に目をつぶらないということです。

経営学者ピーター・F・ドラッカーは、著書『マネジメント』の中で、リーダーの条件は真摯さ（Integrity）であると語っています。たとえば、「真摯さに欠けるものは組織を破壊する」「（必要なものは）才能ではなく、真摯さである」「真摯さを絶対視してはじめてまともな組織といえる」などがあります。この真摯さこそが、易経でいう「忠信」です。

さらに解説文を読み進めていきましょう。

「辞《ことば》を修《おさ》めその誠《まこと》を立つるは、業《ぎょう》に居《お》る所以《ゆえん》なり」。

ここに「修辞《しゅうじ》」、辞を修めるという言葉が出てきます。乾愓《けんてき》の段階は、言葉の力をつける時でもあります。「修辞」は言葉を飾りたてるという意味もありますが、ここでは違います。その時にもっとも適切な、伝わる言葉という意味です。

「業《ぎょう》に居《お》る所以《ゆえん》なり」というのは、「これが自分の仕事だ」と責任感を持つということです。自分の仕事に責任を持って業を修めていれば、その言葉にも誠心誠意があらわれるものです。

言葉にも技術と工夫がいります。簡潔明瞭でかつ力強く、生きた言葉で話す工夫です。ときには、削りに削った言葉のほうが、饒舌《じょうぜつ》な言葉よりも伝わることもあります。

たとえば、クレームに対する謝罪の言葉、対処を伝える時に、仕事の責任を他人事のように考えていたら、相手に誠心は伝わりません。ところがその仕事に対し、しっかりとしたプロ意識を持つと、その言葉に説得力が出てくるものです。

つまり、ここでは人に伝える技術、広報力である応対辞令を身につけなさいと教えています。陽明学者、安岡正篤《やすおかまさひろ》は、応対辞令をこう説明しています。「応対というのは、いろいろな問題に応じてきびきびと処理してゆくことであり、辞令とは事に対して自分の考えを適確に表現してゆくことです」。そして、応対辞令というのは、俄仕立《にわかじた》てできるものではなく、修養していくものだと教えています。

こうした言葉の力も失敗に学ぶことで身についていきます。ですから、「今日、言ったことに間違いはなかったか」「もっとうまく伝えるにはどう言ったらいいのか」ということも、夜の反省の項目にぜひ入れておきましょう。

量稽古の実践法

乾惕《けんてき》は量稽古の段階だと話しました。

次の「**至《いた》るを知りてこれに至る、ともに幾《き》（を言う）べきなり。終わるを知りてこれを終わる、ともに義《ぎ》を存《そん》すべきなり**」とは、どのように量稽古を繰り返していったらいいか、その具体的な実践法を教えています。

ふつう「至る」というと、「東京から大阪に至る」と使います。たとえば東京から大阪に行くには、その所要時間や費用を調べたり、経路を頭で想像したりします。そして「こうやって行けばいいのか」と、考え至ります。

仕事でも同じく、今日一日の目的に至るにはどうすればいいか、かならず前もって予測して段取りを組み、計画を立てなさいと教えています。そのとき、「もしかしたら、こういうこともあるかもしれない、ああいうことも起こるかもしれない」と、あらゆる想定をして備えることも「至るを知る」ことです。

「幾《きざ》」とは兆しのことで、目では見えない未来の予兆です。兆しについてはのちに詳しく話しますが、「至るところを知ってそれに至る」を意識して実践することが兆しを観る力を養うのです。

「終わるを知りてこれを終わる、ともに義《ぎ》を存《そん》すべきなり」は、予測して計画したことを確実にやり終えるということです。「至る」と「終わる」は「乾《けん》（強く前進）」と「惕《てき》（恐れ省みる）」と同様にセットにして日常の業務で実践することに意義があります。

「義《ぎ》」とは、義理の義、義務の義、正義の義ですが、もともとは刀で無駄なものを伐採して秋の実りを得るという意味があります。たとえば、夏に稲は勢いよく伸びて成長しますが、稲だけでなく雑草も何もかもが繁茂しますが、秋に得るものは実った米だけです。稲を刈り、稲穂を脱穀し、多くの無駄を取り除いて、米という質を収穫します。つまり量質転換です。

量から質を生み出すためには、日々の業務を滞りなく行っていかなければいけないように、米を収穫するには、苗を育て、田植えに始まり、秋の収穫まで、日々の仕事を終えていかなくてはなりません。

また、刀をもって伐る「義」は、裁きをするというほどの厳しさを含んでいますし、失敗に学ぶ、問題を処理する、無駄を取り除くことも「義」です。失敗に学ぶと一言にいっても、自分の過ちを認め、それを改めることは、そうやすやすとはできません。それこそ身を切られるような思いをするでしょう。「義」とは厳しいものなのです。

ですから厳しさをもって目的を遂げるために具体的に準備し、行動すること。そして、終着点に向かってやるべきことを必ずやり終え、目標に追いついて成果を上げることが大切だと教えています。

この量稽古の実践を、問題意識と危機管理能力を養うという意味で例を挙げてみます。

乾惕《けんてき》の段階は業務上のレベルのことならば、「これは放っておいたら危ない」と、判断ができるようになります。

たとえば、製造器機の小さなネジが一本、脱落していたとします。そこから「今、こういう状況が起きているということは、次の段階ではこういう問題が起きるかもしれない。そして最悪はこのようになるだろう」と、未来予測をすることが、危機の兆《きざ》しを察する洞察力の訓練になります。

ささいな問題や不具合、トラブルは大事故が起きる前の萌芽です。「あ、これはまずいな」「事故につながる可能性もあるな」と、気づいたとしても、「大丈夫かな。今度でいいか」と見逃して対処しないのでは何にもなりません。どう対処すべきかを考え、それを確実にやり終えることが大切なのです。

「この故に上位《じょうい》に居《お》りて驕《おご》らず、下位《かい》に在《あ》りて憂《うれ》えず」とありますが、三段階目の龍は上位にステップアップできるかどうか、どちらともいえない危うく、曖昧な立場にいます。仕事の成果が上がってくるので驕りも出てくる一方で、ミスや失敗で萎縮してしまっては、型にはまったまま進歩がありません。

その日一日を反省することを毎日続けられたのなら、自分の小さなほころびに気づくはずです。やることがたくさんあると気づいたら、驕ったり、悩んだりせずに、充実して時を過ごすことができます。

「その時に因《よ》りて惕《おそ》る。危うしといえども咎《とが》なきなり」、ときに恐れを抱くというのは、危機管理能力です。危うい時には、警戒することで安心を得て、充実して努力邁進できます。

この乾惕《けんてき》の段階でありとあらゆる動き、ありとあらゆる問題に対してどのように対処すればよいかという応用力が身につきます。基本の型と技というのはかけ離れたものと思われがちですが、ここでいう技とは型が化したものであって、問題や困難を乗り越えて、鮮やかに業務の基本の型を遂行することです。

ですから、この段階では問題が起きるのを恐れるのではなく、問題を処理できないこと、対処できないことを恐れなさいと教えています。

乾惕《けんてき》の段階はリーダーが身につけるべき素養が凝縮されています。物事を推し進めていく推進力、仕事の責任感、使命感、そして危機管理意識と問題対処能力です。加えて先行きを見通す洞察力の修養もこの段階から出発します。これだけ多くを自分のものにしなければならないといったら、「これは大変だ」と思いますね。

しかしこれらを身につけるには、日々、積極果敢に進み、夜になったら、恐れるがごとく、悩み、心配して一日を振り返る。これを真摯に反復継続していく、これに尽きます。

そして、乾惕で身につけたことは、飛龍になってからも習慣的に継続すべきことです。優れたリーダーほど心配性だといわれます。実業家、渋沢栄一は晩年になっても、

『論語』の「三省」(吾れ、日に三たび吾が身を省みる)を続け、その日一日、人に忠実に信義を尽くしたかと内省を怠らなかったそうです。

また、プラス思考の人で知られる松下幸之助は、反面、非常に心配性で常に不眠症気味だったといわれます。そして、心配することに経営責任者の存在意義があるとして、「心配して、心配して、安心しろ」「心配があるということは社長の生きがいだ」という言葉を残しています。

乾惕《けんてき》の段階は、どうしてこんなに忙しいのか、と思うような日々を送ります。成功と失敗、挫折や葛藤も味わうでしょう。それでも日々、昂揚感《こうようかん》をもって果敢《かかん》に仕事に熱中するというコアな体験をすることで、その道のプロとして、腕を磨いていきます。

そうして積み重ねた経験の量が、次の躍龍《やくりゅう》の段階で見事な質に転換していくのです。

第二章

躍《やく》龍《りゅう》から亢《こう》龍《りゅう》——リーダーとして立つために

第四段階　飛躍《ひやく》の「機《き》」をとらえる——躍龍《やくりゅう》

機を観る力を養う時代

前章では、志を打ち立てる潜龍《せんりゅう》、基本の型を大人《たいじん》に学ぶ見龍《けんりゅう》、技を身につける乾惕《けんてき》と、龍の成長過程の前編を追ってきました。本章では後編の躍龍《やくりゅう》、飛龍《ひりゅう》、亢龍《こうりゅう》の話をしていきます。

乾惕《けんてき》の時代を経て、いよいよ飛龍《ひりゅう》の一歩手前の段階、躍龍《やくりゅう》になります。

躍龍《やくりゅう》は優れた能力を持っているとはいえ、雲を呼び、雨を降らせる飛龍《ひりゅう》にはまだ及びません。では、躍龍《やくりゅう》に足りないものは何かといったら、「機を観《み》る力」です。空へと舞い上がるために、好機をとらえる力をここで養わなければならないのです。では、本文を読んでみましょう。

或《あ》いは躍《おど》りて淵《ふち》に在《あ》り。咎《とが》なし。

大きな飛躍の機をとらえるために、ある時は、跳躍《ちょうやく》して空へ舞い上がろうとし、ある時は潜龍《せんりゅう》がいた淵に潜《もぐ》って志に立ち返りなさい。そうであったなら、進んでもあやまつことはない。

前段階の乾惕《けんてき》では、一日中、やりすぎるくらい積極果敢に進み、夜は恐れるほどに一日を省みることを繰り返しなさいと教えていました。これまでの龍はらせん階段を昇るような動きでしたが、躍龍《やくりゅう》の動きには、スケール感の違う、ダイナミックな上下の動きが出てきます。龍が身を躍らせて、勢いよく天へと跳《は》ね上がり、そうかと思えば、急降下して地の底の淵に姿を消す。そんな映像を思い浮かべてみてください。

ある時は、あたかも飛龍《ひりゅう》のように躍り上がって、思い切り力を発揮して、またある時は、潜龍《せんりゅう》のいた淵に潜って志が変わっていないかと振り返りなさいと教えています。

これはいつリーダーである飛龍《ひりゅう》になってもいいように、試みと準備を怠《おこた》りなくしていなさいということです。躍龍《やくりゅう》は飛龍《ひりゅう》になるためのシミュレーションをしながら、機が熟すのを待つ時です。

シミュレーションとはいっても、リハーサルではありません。乾惕《けんてき》の段階では失敗に学ぶことができましたが、ここでは失敗は許されないのです。まちがいなく成し遂げるための機を観る、本番さながらの真剣な訓練ですから、集中力と緊張感がともないます。

躍龍《やくりゅう》は、プロとしての実力も技術も充分に備わっています。「あの人に任せておけば大丈夫だ」と、まわりから太鼓判を押されるほどの信頼を得ます。すると、受け持つ仕事のリスクも大きくなっていきます。

たとえば、会社組織でいうと、トップの補佐役、代理、ナンバー2として、実行責任を担う。または、役職に限らず、大きなプロジェクトの遂行を任される。新規事業部を任される。あるいは、専門職であったなら、もっと新しい分野、新しい展開に目を向けなければならない状況にせまられたりもします。

飛龍《ひりゅう》になるためには、ただ単に背伸びするのでなく、さらなる質の向上を目指して、まだやったことのない冒険的な試みをしていきます。経験を積んだ躍龍《やくりゅう》でも、必死になって、自分の力を全部出し切るようなものに挑むことが大切なのです。日頃のルーティンワークの中で、どっかりと腰を下ろしてしまったら次には進めません。

運動会の徒競走でピストルがバンと鳴った時に、腰を下ろしていたら出遅れてしまいます。これは機を逃すということです。一流のプロスポーツ選手がなぜ、結果を出せるのかというと、試合が始まるずっと前から、その選手にとっては試合が始まっているからだといわれます。その時が来たら、すぐに反応する。つまり、今か、今かと、いつでも対応できる態勢をとっていれば、ピストルが鳴る前にヒタヒタとその瞬間がやってくるのが観えるのです。

「機」がすべてを動かす

躍龍《やくりゅう》には、もう飛龍《ひりゅう》の代わりを務められるくらいの能力が育っています。ときには空へ躍り上がり、一瞬、飛龍《ひりゅう》のようなリーダーシップを発揮する時もありますが、まだ決定権のないリーダーの代行、あるいはナンバー2の立場です。つまり飛龍の真似事《まねごと》をしているのです。

たとえば相撲でいうと躍龍《やくりゅう》は大関、飛龍《ひりゅう》は横綱です。横綱と大関の格付けは一つしか変わりませんが、やはり強さ、品格が違います。そして、いくら実力は充分といわれる大関でも、条件が整って飛躍の機を得なければ、横綱にはなれません。時に及ばず、機を逃して、大関に留まることもあります。

つまり躍龍《やくりゅう》が飛龍《ひりゅう》になるためには、実力だけでなく、条件が整った好機をとらえ、間《かん》髪《ぱつ》を入れずにそれを成し遂げる力がなくてはならないのです。

躍龍《やくりゅう》は「機《き》を観《み》る」時なのですが、「観る」は目で見ることではありません。見龍《けんりゅう》は「見る力」が必要でしたが、ここでの「観る」は見えないものを観る力です。

では、「機」とは、何でしょうか。機が会うと書いて機会、チャンスです。機を観るとは平たくいうと、チャンスをものにすることです。チャンスは目に見えませんね。だから「今がチャンスだ！」とわかる人もいれば、わからない人もいるわけです。

また「機」という言葉には、ドアの開け閉めをするための小さな軸という意味があります。そこから、物事の勘所《かんどころ》をあらわします。つまり、機をとらえることで、開かなかったものが開き、動かなかったものが突然、動きだすのです。

別の言い方をすると、「機」とは物事のツボです。体のツボは、調子が悪い時に、その一点を押すと滞っていた気や血流の循環が整い、動きだして調子が良くなります。同じように事業においてのツボを押さえると、需要と供給、生産と消費、経済活動の循環が動きだします。

リーダーの役目は雲を呼び、雨を降らせることで社会を動かし、大循環を起こすことです。この「機を観る力」、つまり見えないものを洞察する力はリーダーにとって必須の能力なのです。

志に立ち返り、力を呼び起こす

躍龍《やくりゅう》は、必ず潜龍《せんりゅう》の志に立ち返ります。それは飛躍の力を呼び起こすためです。ここで志を新たにして、実現のためのバネを強化します。つまり志のメンテナンスをし、潜龍《せんりゅう》の時に打ち立てた確乎不抜《かっこふばつ》の志がしぼんでいないか、ぐらついていないか、変容していないかと、何度もチェックします。

実力を認められ、社会的な地位が上がれば上がるほど、志を曲げたほうが生きやすくなるというものです。だからこそ、「世の中はこんなものだ」と志を棚上げしたり、もしくはどこかへしまい込んだりしていないか、その都度、反省しながら志を再確認していく必要があるのです。

何より躍龍《やくりゅう》が高く大きく飛躍するためには、尺取り虫のように、いったん小さく身を屈めなくてはなりません。易経にはこのような言葉があります。

「尺蠖《せきかく》の屈するは、以《もっ》て信《の》びんことを求むるなり。龍蛇《りゅうだ》の蟄《かく》るるは、以て身を存《そん》するなり」

尺取り虫《しゃくとり》が身を屈《かが》めるのは、前に伸びて進むためである。龍が地中に身を隠すのは、身を保ち、来るべき時の準備をするためである

これは潜龍《せんりゅう》のことを説いた一文ですが、躍龍《やくりゅう》が淵に帰るときも同じです。ここでできるかぎり身を屈して潜龍《せんりゅう》時代を疑似体験します。誰にも認めてもらえない時に志の実現を確信した、あの時の謙虚で純粋な気持ちに立ち返らなければならないのです。

躍龍《やくりゅう》の解説文を紹介しましょう。

或《ある》いは躍《おど》りて淵《ふち》に在り、咎《とが》なしとは、何の謂《い》いぞや。子曰く、上下《じょうげ》すること常《つね》なきも、邪《じゃ》をなすにはあらざるなり。進退すること恒《つね》なきも、群《むれ》を離《はな》るるにはあらざるなり。君子徳《くんしとく》に進《すす》み業《ぎょう》を修《おさ》むるは、時に及ばんことを欲するなり。

ある時は、跳躍して空へ舞い上がろうとし、ある時は潜龍の志を見つめ直し、淵に潜る。そうであったなら、進んでもあやまちはないとあるが、どういうことか。

この龍は、これまでと違う、飛躍発展の試みをしている。その動きは上下に不安定に

ゆらぎ、尋常《じんじょう》ではないが、悪いことを企んでいるのではない。また、日頃の業務とは違って、挑戦的に進んでみたり、深い淵まで退いたりするが、組織や群《む》れから外れようとしているのではない。このように、飛龍《ひりゅう》になるためには、自分の質をさらに高め、業務を修めて、その時に及ぼうと欲しなくてはならない。

昇《のぼ》り龍、降《くだ》り龍といわれますが、昇《のぼ》り龍とは、今まさに飛龍《ひりゅう》になろうと跳躍する躍龍《やくりゅう》のことです。

ここで、「上下《じょうげ》すること常《つね》なきも」「進退すること恒《つね》なきも」と、二種類の「つね」が出てきますが、「常」とは「通常」の意で、地位や立場が変わらないこと、一方、「恒」は「恒久《こうきゅう》」の意で、春夏秋冬がめぐるような一定不変のサイクルのことです。毎日の生活の繰り返しや、乾惕《けんてき》で反復継続してきた日々の業務は「恒」にあたります。

「常」も「恒」もない、ということは地位や立場が定まらず、日頃の業務とは違う状況、動きだというわけです。そんな様子ははたから見たら疑わしく、不安定な様子に見えます。躍龍《やくりゅう》の段階は「挑戦」「試み」、そして「ブレイクスルー」する時ですから、毎日同じことを繰り返してきた乾惕《けんてき》の段階とはまったく違う動きになります。

たとえば、スポーツ選手が大きな飛躍の前に一時的にスランプに陥ることがありますが、そういう状況にも似ています。飛躍しようと奮闘しているのであって、自分だけが成功しようとか、逃げてしまおうと考えているのではないといっています。

「或いは躍《おど》りて淵《ふち》に在り」の「或いは」という言葉は、ある時は躍り、ある時は淵にあり、不定という意味があり、そこから、もしかしたら、ひょっとして、という疑いの意味もあります。躍龍《やくりゅう》は躍動的な昂揚感《こうようかん》と、期待をもって仕事に取り組む一方、何一つ確かなものはないという点では潜龍《せんりゅう》の状況に似ています。躍龍《やくりゅう》は、飛龍《ひりゅう》と潜龍《せんりゅう》の間を行ったり来たり、不安定にゆらいでいるのです。

じつはこの不安定なゆらぎの中で、謙虚な自信を持てた時、ものすごく「観る目」が冴《さ》えてきます。静かに集中できるようになり霧が晴れて目が開けてくるのです。

つまり躍龍《やくりゅう》には、飛龍《ひりゅう》になってかならず志を実現するという自信と、何の力もなかった潜龍《せんりゅう》の時の謙虚さ、その両方が必要なのです。不安もなく、自信を持ちすぎると、過信してしまい機をとらえられません。

そこで、いったん潜龍《せんりゅう》の淵に戻って、身を屈め、志の青写真をもう一度、確かめる必要があるのです。志を見つめ直すことで、それを実現するには、今、何をすべきなのかということもはっきりと観えてきます。

「君子《くんし》徳《とく》に進《すす》み業《ぎょう》を修《おさ》むるは、時に及ばんことを欲《ほっ》するなり」とありますが、「時に及ぶ」とは機をとらえ、飛龍《ひりゅう》の段階に達しようとすることです。今のままではいけない、こうしてはいられないと、そこから後に引けない真剣勝負が始まります。これが躍龍《やくりゅう》の本気の試行、シミュレーションです。

第五段階　雲を呼び、雨を降らす――飛龍《ひりゅう》

飛龍は天に在り

躍龍《やくりゅう》は好機をとらえ、昇り龍となって、いよいよ飛龍《ひりゅう》になりますが、その前に、躍龍《やくりゅう》はどのようにして飛龍《ひりゅう》になるか、ということからお話ししましょう。

躍龍《やくりゅう》はシミュレーションを幾度か繰り返し、準備をしっかりして、機を観る力を養います。するとある時、ヒタヒタと押し寄せてくる、実現に向けての機が手にとるように観えるようになります。それはやがて確信となってきて、一つの勘所《かんどころ》、ツボを押しただけで、それまで滞っていたことが開けていき、急展開していきます。

ただし、すぐにはうまくはいきません。まず、三歩進んだら二歩下がるというような状況が起きてきます。

たとえば大きなプロジェクトが「さあ、契約だ」とまとまりかけ、準備を始めると、それが壊れるというようなことが起こります。しかし、その展開があったおかげで方向性が広がり、実現に向けての青写真が、もう一度、別の形で開けてきます。このように

あるものは閉じて、あるものは開いてという、物事の開閉が起きてくるのもこの時の特徴です。

こうした状態のあとは、より理想的な展開になるなど、偶然が重なって必然になるようなことが次々に起こります。イメージでいうとジグソーパズルのピースがピタッ、ピタッとはまっていくような感じです。そんなことが計られたように続けざまに起きてきて、まるで報《しら》せがやってくるように機が熟してきます。そして追い風に押されるように、一気に飛龍《ひりゅう》になるのです。まさに潜龍《せんりゅう》時代の志を達成して、龍の本来の能力を発揮する段階です。

龍は古来、めでたい生き物とされてきたとお話ししましたが、それは雲を呼び、恵みの雨を降らせて万物を養う能力があるからです。天から降った雨は川となり、海に流れ、水蒸気になって雲となり、循環を繰り返していきます。そうした自然界のシステムにならって、人間社会に恵みの雨を降らせ、社会に大循環を起こす。これこそが、リーダーの役目です。

本文にはこう書いてあります。

飛龍《ひりゅう》天に在《あ》り。大人《たいじん》を見るに利《よ》ろし。

飛龍《ひりゅう》は天に在って、雲を呼び、雨を降らせて万物《ばんぶつ》を養う。能力を発揮し続けるために、まわりの人、物、事に学びなさい。

飛龍《ひりゅう》は雲を引き連れて社会を潤し、人々が喜び、成長していくような働きをしていきます。雲とは、リーダーに従う人々、会社組織でいうと従業員です。飛龍《ひりゅう》がその時の機をとらえると、雲が雨を降らせて社会を循環させていきます。

先ほど、その時の勘所をとらえる、つまりツボを押さえると閉じていたものが開き、動かなかったものが動き始めると話しました。機を観る目に磨きがかかった飛龍《ひりゅう》が起こすことは、一度循環し始めたら、自然のサイクルと同じく、その時々のツボを押さえるだけで勝手に回っていくのです。ちょうどいいタイミングで雨を降らせるだけで、まいた種が次々に成長して実りとなるような、大豊作の時がやってきます。

絶好調の時がやってくる

野球で選手が絶好調の時は、ピッチャーが投げたボールが目の前で止まったように見えるといいます。目の前に来たボールに当てるだけで、確実にバットの芯でとらえてヒットやホームランが打てるというのです。「機を観る目」を養った飛龍《ひりゅう》には、こうしたことが当たり前のようにできるようになります。すると、特別なことをしなくても、大勝利をおさめていきます。

飛龍《ひりゅう》の時代は勢いのある華やかな時代です。いわば飛龍《ひりゅう》は台風の目のような存在で必要なものが吸い寄せられるように集まってきます。飛龍《ひりゅう》のもとには、必要な時に最適なものが向こうから飛び込んできて、自分が気づかないことまでそろってくるのです。先ほどジグソーパズルの話をしましたが、まさにピースが勝手に飛び込んできてぴったりとはまっていくイメージです。

優秀な人材や、求めていた情報が向こうからやってくる、資金が欲しければ、資金が向こうからやってきます。こんな部品があればいいと思っていたその時に、それを持って営業マンが現われる。ですから、自分が思った以上にやることなすことすべてがうまくいく、まさに乗りに乗った時なのです。

そしてこの時は、たとえ失敗したとしても、何か齟齬《そご》があって滞ったとしても、その失敗やトラブルさえもプラスに代わり、さらに大きな発展につながります。飛龍《ひりゅう》の時は、不思議なことが起こってきますが、これは霊感でも超能力でもありません。機が熟し、自在性や臨機応変の力が備わったからこそ起こることなのです。

解説文を読んでみましょう。

飛龍《ひりゅう》天に在り、大人《たいじん》を見るに利《よ》ろしとは、何の謂《い》いぞや。子曰く、同《どう》声《せい》相《あ》い応《おう》じ、同《どう》気《き》相《あ》い求《もと》む。水は湿《うるお》えるに流れ、火は燥《かわ》けるに就《つ》く。雲は龍に従い、風は虎に従う。聖《せい》人《じん》作《おこ》りて万《ばん》物《ぶつ》観《み》る。天《てん》に本《もと》づく者は上《かみ》に親しみ、地《ち》に本《もと》づく者は下《しも》に親しむ。すなわち各各《おのおの》その類《るい》に従うなり。

飛龍《ひりゅう》は天に在って、能力を存分に発揮するが、大人《たいじん》を見て学ぶが良いというのは、どういうことか。

同じ声を発するものは共鳴し、同じ気を求め合って飛龍《ひりゅう》のもとに集まる。水は湿ったほうへ流れ、火は乾いたものに付くように、水の物である龍には雲が従い、威《い》を奮う虎には風が従う。そして誰もが飛龍《ひりゅう》を聖人のように仰ぎ観る。生命を天から受ける動物は頭を上にして、地から受ける植物は、その根を下に張るように、皆それぞれの類に従うのである。

龍は水を司《つかさど》る生き物、雲は水蒸気です。恵みの雨を降らせ、万物を成長させようとする飛龍《ひりゅう》の志が同じ「水の気」を持つ雲を呼び、龍と雲は感応し合って飛龍《ひりゅう》が飛ぶところ雲がわき起こります。

きちんと調律された楽器の弦がたがいに共鳴し合うように、飛龍《ひりゅう》の志が共振共鳴《きょうしんきょうめい》を起こす周波数を出すのです。周波数が合うと、お互いに共鳴し合って人も物も事もすべてが集まってきてどんどん活性化し、気が高まっていきます。

多くの力を集め、社会に貢献することがリーダーの役目です。飛龍《ひりゅう》の求心力によって、龍とそれに従う雲という関係が一つの組織図をつくり、大きな働きを成していきます。

当然のことですが、一国のリーダーは国民がいなければ働きができません。会社経営でも従業員がいて、顧客や消費者がいなければ成り立ちません。志を成していくためには、人が求め合う、応じ合うという関係が必要です。つまり飛龍《ひりゅう》は雲とともにいなければならない存在であって、雲がいなければ飛龍《ひりゅう》としての役目を果たすことはできません。

「天の時、地の利、人の和」という孟子《もうし》の言葉があります。「天のもたらす幸運は地勢の有利さには及ばない。地勢の有利さは人心の一致和合には及ばない」――何よりも人の和であるといっています。

人間は時間を止めたり、地形を大きく変えたりはできません。できるのは人の和であって、心を一つにして何かを行うことだけです。飛龍《ひりゅう》の段階は人の和によって、時と環境をぴたりと一致させ、天地人の相乗効果によって大きな働きができるのです。

易経は、リーダーが原理原則に適《かな》った正しい経営をしていれば、必然的に事業が発展していくといいます。

次の亢龍《こうりゅう》へと続く道筋

躍龍《やくりゅう》が飛龍《ひりゅう》になった直後は、ようやく志を実現して、飛龍《ひりゅう》になった喜びとともに重い責任も感じるでしょう。自分に務められるだろうか、と不安も感じます。同時に、確乎《かっこ》不抜《ふばつ》の志を新たに、今まで努力して身につけてきた能力をもって、社会に役立とうというやる気に満ちています。

実際、飛龍《ひりゅう》が行動すると、どんなことでも思った以上に見事に成し遂げられていきますから、不振が続いていた会社も、飛龍《ひりゅう》が社長になったとたん、素晴らしい成績に変わるのです。飛龍《ひりゅう》には事業の先々のゆくえがまざまざと観え、どういうふうにすればうまくいくか、今ここで何をすべきかが瞬時《しゅんじ》にわかるのです。こうした時はしばらく続きます。これは「時の魔法」のようなものです。

するとどんなことが起きるでしょうか。「すごい人だ」とどこへ行っても尊敬され、賞賛《しょうさん》されるでしょう。あの人は何かに護られているのではないか、守護神がついているのではないかとさえ思われます。

これを自分のこととして想像してみてください。もし、自分が飛龍《ひりゅう》になったならどんな心持ちになるでしょうか。

飛龍《ひりゅう》はまるで神様のように崇《あが》められ、実際に不思議なことも起こります。すると、「本当に自分は特殊なのではないか」「天才なのではないか」と錯覚し始めるのです。はじめは不安もあってやっていたことが、次第にうまくいって当たり前、褒《ほ》められて当たり前になってきます。

そのうちに、こんなに簡単なことがなぜ他の人はできないのだと、まわりの人を侮《あなど》り、ばかにするようになります。できて当然のことがどうしてわからないのか、できないのは能力がないからだ、と思うようになるのです。

こうして飛龍《ひりゅう》は、地上にいた時の環境から遠く離れた、まったくの別世界に置かれます。権力と名誉、そしてお金も手に入れて、人々に仰《あお》ぎ見られ、褒め称えられ続けると、何もできなかった自分の潜龍《せんりゅう》や見龍《けんりゅう》の時代をすっかり忘れてしまうのです。すると、自分は優秀で人は劣っていると思うようになります。

飛龍《ひりゅう》になったばかりの頃は、まわりへの感謝の気持ちがありましたが、しばらくすると感謝が薄れてきて、「使ってやっている」という気持ちになるのです。そのうちに、「まったくうちの社員は使えない」と、平気で言葉に出すようになります。

それは愚かだからということではありません。長い間、飛龍《ひりゅう》の時に置かれたら、まず人間は慢心します。これはもっと前へ、高みへと進もうとする陰陽の「陽の衝動」です(陰陽の解説については、四二頁《ページ》以降を参照ください)。

それほど優秀ではない飛龍《ひりゅう》ならまだいいのです。ちょこちょこ失敗しますから、「またやってしまった」とその都度反省できます。どちらかといえば、経験も知識も豊富な、優秀なリーダーほど慢心しやすいのです。そういうリーダーはあまり失敗しませんし、ついてくる人材も優秀ですから大成功するのです。

さらに飛龍《ひりゅう》は、時運《じうん》さえも味方につけていますから、怖いものなしです。でも、じつはそれが恐ろしいのです。

まわりの人が無能に思えてきた時点で、もう次の驕《おご》り高ぶる亢龍《こうりゅう》への階段に片足をかけてしまっています。一度、亢龍《こうりゅう》になってしまったら、あとは落ちていくだけだと、易経は教えています。たとえ会社は売上を伸ばして、成長していたとしても、能力が衰えていくのは時間の問題なのです。

すべての人、物、事が教えてくれている

亢龍《こうりゅう》への階段を昇らないためには、どうあるべきなのでしょうか。

易経は「大人《たいじん》を見るに利《よ》ろし」、と教えています。

これはどこかで聞いた言葉ではないでしょうか。基本の型を学ぶ見龍《けんりゅう》の段階で出てきた言葉です。

「見龍田《けんりゅうでん》に在《あ》り。大人《たいじん》を見るに利《よ》ろし」。自分を見出してくれた大人《たいじん》を見習いなさい、徹底的にコピーしなさいと教えていました。見龍《けんりゅう》にとっての大人《たいじん》とは、飛龍《ひりゅう》でした。

では、「飛龍《ひりゅう》天に在《あ》り、大人《たいじん》を見るに利《よ》ろし」、自分が飛龍《ひりゅう》になった時の大人《たいじん》とは誰なのでしょう。それは、自分以外のすべての人、そして物、事です。

つまりここで教えているのは、自分よりも偉大な人を見なさいという意味ではなく、身のまわりのすべての人、身のまわりで起きるすべての出来事を見て学びなさいということです。自分よりも下にいて力のない会社の従業員の人たちからも学びなさいといっています。

「大人《たいじん》を見るに利《よ》ろし」には、学者さんによる解釈が何通りかありますが、代表的なものは、①飛龍《ひりゅう》自身が大人《たいじん》であるという説、②自分よりも力が下の人でも諫言《かんげん》を聞きなさいという説、③自分よりもなおすぐれた人物の指導を仰ぎなさいという説の三つです。

しかし、私は、特定の人だけでなく、まわりのあらゆる人、物、事を見て学ぶ姿勢を持ちなさい、そうすれば、身のまわりのすべてのことが教えてくれると解釈しています。

潜龍《せんりゅう》の話の中で、「そもそも人間は相手を見て態度を変え、地位や名誉がある人に対しては丁寧に扱い、潜龍《せんりゅう》のような力のない者を見下す。しかし、なかには態度を変えない人もいる」と話しました。誰に対しても態度を変えないその人は、自分の潜龍《せんりゅう》時代を忘れていない人です。

まだ何の能力も経験もなく青臭くて、でもがむしゃらで、純粋に志を打ち立て、世の中のためになろうと思っていた、あの頃の自分を忘れない人は本当の底力がある人です。そういう人は潜龍《せんりゅう》を見て、「今の自分はどうだろうか、志はしぼんでいないか」と学ぶことができます。これを飛龍《ひりゅう》の段階でできれば、志を失うことはありません。物に学ぶ、というのは、本に学ぶ、古典に学ぶ、易経に学ぶことでもありますね。また大自然からも学ぶことができます。

じつは易経は大自然の法則こそが飛龍《ひりゅう》が学ぶべき〝大人《たいじん》〟であると教えています。大自然は何も隠していません。一日は朝昼晩、一年は春夏秋冬でめぐっていきます。

飛龍《ひりゅう》の時は、季節にたとえると収穫の秋です。収穫したら、次はかならず冬がやってきます。そう考えたら、枝から落ちる枯れ葉の一葉《いちよう》でさえ、自分の身の処し方を教えていると気づくでしょう。

聞く耳を持つ度量を身につける

見龍《けんりゅう》の段階で、「自分はもう何でもできる」と錯覚する「見龍《けんりゅう》の目くらまし」があるという話をしましたが、慢心して自分を客観的に見られなくなる飛龍《ひりゅう》の目くらましは、重症化すると手がつけられません。それは組織の存亡に関わりますから、もっと深刻です。

飛龍《ひりゅう》はまわりの誰よりも強いリーダーです。間違った方向へ進み始めても、「自分の考えは一番正しく、間違うはずなどない」と思い込んでいる飛龍《ひりゅう》に対しては、誰も何も言えないのです。

「大人《たいじん》を見るに利《よ》ろし」の「見る」には、「聞く」、「従う」という意味があると言いました。つまり、自ら耳の痛い話にも耳を傾け、受け容れる姿勢を持ちなさいと教えています。私はいつも、これを「自ら陰を生じさせる」ことだと言っています。「学ぶ」、「聞く」、「従う」は陰陽の陰にあたる要素です。「陽の衝動」を抑え、陰を生じさせるには相当な努力が必要なのです。

この話をすると、「いや、部下の意見はよく聞いている」と言う人もいます。しかし、実際は自分に都合のいい話しか耳に入れず、部下も本当のところまでは言っていないことが多いものです。

「飛龍《ひりゅう》天に在り」とは、飛龍《ひりゅう》は雲を呼び、雨を降らせて能力を発揮しなさいということです。飛龍《ひりゅう》は身につけた独自性という技、すぐれた器量を持っています。「器量」は、その地位にふさわしい能力、才能のことです。

一方、**「大人《たいじん》を見るに利《よ》ろし」**は、まわりのすべてに学ぶ姿勢を持ち、意見を聞く耳を持つこと。すなわち度量を身につけなさいといっています。「度量」とは、相手が自分に対して批判や非難をして気に入らないことをどれだけ言ったとしても、聞くべきものは受け容れる心の広さをいいます。

リーダーは器量ばかりに重きが置かれがちですが、じつは自分に直言してくれる人の話をきちんと聞けるかどうかが大切で、ここに飛龍《ひりゅう》の真価が問われるのです。つまり飛《ひ》龍《りゅう》は、雲（苦言《くげん》を呈《てい》してくれる人など）の中に頭を隠していなくてはならないのです。聞く耳を持たず、人を見て学ぶことのできないリーダーは独善的《どくぜんてき》になり、自分でも気づかないうちに亢龍《こうりゅう》になっていきます。するとある時、急激に失墜します。

事業で成功をおさめた人、つまり現在、飛龍《ひりゅう》の時にある人によく、「飛龍《ひりゅう》の状態をなんとか維持する方法はないものか」と聞かれます。それには、「乾惕《けんてき》」の継続と「大人《たいじん》を見るに利《よ》ろし」を実践するしかないのです。

諫《いさ》めてくれる人はいるか

リーダーが組織を保つためにもっとも大切なことは、「聞く耳を持つ」ことだと話してきました。もし、飛龍《ひりゅう》が聞く耳を持たず、誰も諫めてくれる人もなく、ちやほやされる一方であったなら、ほぼ間違いなく亢龍《こうりゅう》になって失墜していきます。

明治時代の評論家、斎藤緑雨《さいとうりょくう》はこんな警告を述べています。

「拍手喝采は人を愚《おろか》にするの道なり。つとめて拍手せよ。つとめて喝采せよ。彼おのずから倒れん」（拍手喝采は人を愚かにする道である。つとめて拍手しなさい。つとめて喝采しなさい。その人は自滅するだろう）。

自分に対して本気で苦言を呈《てい》してくれる部下を何人持つことができるか、これは古代からリーダーの重要な資質とされてきました。

斉《せい》の威王《いおう》は中国戦国時代にあって、二十年以上も侵略を受けずに国を保った名君でした。それは、自分の過ちを諌《いさ》めた者に褒美をあたえるという布告をして、臣下の意見によく耳を傾けたからだといわれます。

布告のきっかけとなったのは、宰相《さいしょう》の鄒忌《すうき》の諌言《かんげん》です。

あるとき鄒忌《すうき》は、妻と妾と客人に「徐公《じょこう》と自分とでは、どちらが男前か」とたずねました。徐公《じょこう》は国で一番の美男子です。すると皆は口をそろえて、「どうして徐公《じょこう》があなたにかないましょうか」と答えます。

鄒忌《すうき》は徐公《じょこう》と自分をつくづく見比べますが、どう見ても徐公《じょこう》のほうが男前です。一晩考えた鄒忌《すうき》は威王《いおう》にこんな意見をします。

「私は徐公《じょこう》のほうが男前とわかっていました。けれど、妻も妾も客人も私のほうが男前だと言います。それは私への身びいきや、恐れであり、そして歓心を得たいからです。ましてや、大国の王であるあなたは、目も耳もふさがれたのも同然ということになります」。それを聞いた威王《いおう》は、「よくぞ申した」と言って、さっそく諫言《かんげん》をうながす政令を公布したのです。

「諫言《かんげん》は一番槍よりも難しい」。徳川家康は、主君に諫言をすることは、戦場で最初に突撃して戦いの口火を切る一番槍よりも、勇気のいる貴重なものだと言いました。

家康は家臣に「自分に意見があったら遠慮なく言うように。身分は問わず」、とも告げていたといいます。ある時、「お諫めしたいことがございます」と申し出た若い家臣を家康は「ぜひ聞こう」と呼び出しました。しかし、家康のささいな言動に対する取るに足りないことばかり。それでも家康はうなずきながら全部を聞いて、若い家臣に「感心した。これからも心おきなく言うように」と言って下がらせました。

そばで聞いていた重臣、本多正信が「まったくくだらない」と怒り心頭でいると、家康は「そうではない。たぶん、あの者は数日寝ないで考えてきたに違いない。諂《へつら》う者が多く、諫めてくれる者が少ない中、自分を諫めようとするあの者の忠心がうれしい」と言ったそうです。

龍は本来はやさしく、慣れれば人が乗れるようにもなる。けれど、一度、逆鱗《げきりん》に触れたら殺されてしまうという伝説があります。

歴史を見ても、優秀で賢い臣下、側近らが主君に命がけで諫言したというエピソードが数多く残されています。それが受け容れられればいいのですが、耳に痛い、もっともなことを諫められると、「何をこしゃくな」「生意気だ」と怒り、優秀な家臣や側近を、まるでうっとうしいハエをつぶすかのように斬り殺した王や武将は数知れません。

現代でも、やはり部下は逆鱗に触れたくない、社長にはなるべく不快な思いをさせたくないと、なかなか本音で意見をしようとはしません。リーダーが本気で諫言をありがたいと思わないかぎり、絶対に口を開かないのです。

部下はリーダーをよく見ています。人のことはよく見えるといいますが、これは「観る力」で観ているのです。マイナス情報を教えてくれと口では言っても、この人にマイナス情報を上げたら本当に喜ぶのか、怒り出すのか、ということもわかります。ということは、もし聞く耳を持つことができたなら、こんなに心強い味方はいないのです。

聞く耳を持たなくなると、客観的に観るという力をどんどん失っていきます。はじめの頃は観えていたはずの物事の原理原則が観えなくなってきます。自分は亢龍《こうりゅう》になっていないか。その目安として、嫌なことを言う苦手な部下もいなくて、ものすごく幸せな気分だったらすでに亢龍《こうりゅう》です。たまに嫌な気分が味わえるというのはいいことです。忌《き》憚《たん》ない意見を言ってくれる部下が一人でもいたら、それは宝物なのです。

第六段階　驕《おご》り高ぶる龍の顚末《てんまつ》――亢龍《こうりゅう》

亢龍《こうりゅう》はかならず後悔する

亢龍《こうりゅう》の「亢」は、高ぶるという意味で、驕《おご》り高ぶった龍ということです。飛龍《ひりゅう》が亢龍《こうりゅう》になる変遷は認めがたいことですが事実です。

飛龍《ひりゅう》の段階で亢龍《こうりゅう》にならないように「大人《たいじん》を見るに利《よ》ろし」と教えていますが、日々、内省を怠らず、肝に銘じておかなければなりません。意識せずにいたならば、ほぼまちがいなく、勢いに乗ったまま知らない間に亢龍《こうりゅう》になってしまうと易経は教えています。とくに賢く、才能にあふれ、人の尊敬と羨望を集めるリーダーこそが要注意なのです。

本文を読んでみましょう。

亢龍悔《こうりゅうくい》あり。

驕《おご》り高ぶり、昇りつめた龍は必ず後悔する。

とても短い一文です。亢龍《こうりゅう》になったら、かならず後悔するといっています。なぜなら、高みに昇りつめたら、次は落ちていくだけだからです。

なぜ「亢龍《こうりゅう》は後悔する」と書かれているのか。はじめにその経緯を解説しましょう。易経には、「吉凶悔吝《きっきょうかいりん》」という言葉があります。もともとは占いの書ですから吉凶の判断が書いてあるのですが、「吉凶は失得の象なり」と書かれていて、吉は「得る・通じる・亨《とお》る」、凶は「失う・通じない・亨《とお》らない」、悔は「後悔する」、吝は「吝嗇《りんしょく》、けちる」、という意味があります。

この「吉凶悔吝《きっきょうかいりん》」は春夏秋冬のようにめぐっていきます。好調な飛龍《ひりゅう》の時は吉です、しかし、だんだん驕りが出てきて、「吝《りん》」になります。驕った状態がしばらく続くと、「凶」になります。凶になってはじめて恐れ震えて「悔《かい》」になり、後悔して改めるとまた「吉」へと向かう。こうして吉凶はめぐりめぐっていきます。

飛龍から亢龍になる過程はどこにあたるかというと「吝《りん》」の「けちる」です。何をけちるのか。人の意見に耳を傾けるのをけちる、クレームに対処して改めるのをけちる、反省するのをけちる、労力を惜しみ、頭を下げるのをけちるのです。「人を養って、世の中を良くしてやっているのに、なぜ俺様が謙《へりくだ》らなくてはならないのだ」と出し惜しむ、けちな心です。

「吝《りん》」を繰り返していると、感受性を失い、それが高じると平気で不正を行い、人命よりも利益を優先するなど、子どもでもわかるような善悪の判断すらできなくなります。

易経は「吝《りん》」は「凶」の兆しであり、「悔《かい》」は「吉」の兆しであると教えています。「吝《りん》」の状態というのは傍目には見えず、表だってあらわれないだけに、じつに恐いのです。そのままでもしばらく好調な時が続いているように見えます。だから自分が亢龍《こうりゅう》になっていると気づかないことが多いのです。実際、すぐに凶にはなりません。しかし、そのままにしておくとある日突然、凶になるのです。

不祥事が発覚すると、まさかと思うような不正の実態が次々とあきらかになるのは、このためです。食品の偽装をしたり、製品の不備、不良を知りつつ対処を怠ったり、労力を惜しんだりなど、そのほとんどが利益優先に走り、正しい経営をするのをけちったことが積み重なって起こります。

この吝嗇《りんしょく》の積み重なった層が分厚くなればなるほど、リーダーの感受性は失われ、限りなくゼロに近くなっていきます。こうなるとなかなか後悔できません。その結果、事態が組織の存亡にかかわる「凶」に至ってもまだ認識できず、地位にしがみつき、隠蔽《いんぺい》工作を重ね、責任転嫁をしようとします。

「震《うご》きて咎《とが》无《な》き者は悔《かい》に存《そん》す」と易経に書かれています。人は自分のやったことの重大さに気づいて、背筋が寒くなるような思いをして、ブルブルと恐れ震えた時に感受性が回復する。そこではじめて後悔するものだと教えています。

後悔すれば吉になるとはいえ、凶になったあとで後悔して、立て直すということはそうたやすいことではありません。ひどい失墜の仕方をすると、後悔しても取り返しがつかず、一度退くほかに道はないのです。

行きすぎた亢龍《こうりゅう》の時代

飛龍《ひりゅう》が「吝《りん》」になった時点で、諫《いさ》めてくれる部下の意見に耳を傾けていたならば、「凶」を察して後悔できるのです。しかし、龍の顎《あご》の下には逆鱗《げきりん》がありますから、リーダーが権力を誇示して人の意見に耳を傾けなくなると、ほとんどの場合、従う人たちは逆鱗に触れたくなくて、本当のことを言わず、近づいてこなくなります。

しかし、当の本人は亢龍《こうりゅう》になっているとは思わず、まだ飛龍《ひりゅう》の状況が続いていると思い込んでいます。そして、はっと気づいた時には、雲がついていけない高みに昇ってしまいます。雲ははるか下にあり、いくら呼んでもついてきません。雨を降らせることのできない亢龍《こうりゅう》はもはや龍ではないのです。

解説文にはこう書いてあります。

亢龍悔《こうりゅうくい》ありとは、何の謂《い》いぞや。子曰く、貴《とうと》くして位《くらい》なく、高くして民《たみ》なく、賢人下《けんじんか》位《い》に在るも輔《たす》くるなし。ここをもって動きて悔《くい》あるなり。

亢龍《こうりゅう》に悔いがあるとは、どのような意味か。尊く見えるが、すでに位はなく、高いように見えても治める民を持たず、賢人が下位にいても、助ける術《すべ》がない。このような状況で、何かを為そうしても、必ず悔いることになる。

たとえ優秀な部下がいたとしても亢龍《こうりゅう》になってしまったら助けられない、助けないとあります。飛龍《ひりゅう》は最強の時、絶好調の時です。しかし、そういう時ほど恐ろしいことはありません。なぜなら、陽が強くなると「陽の衝動」が起きてコントロールできなくなるからです。そしてもっと前へ、もっと勝ちたい、もっと高みを目指そうとして、気がついたら亢龍《こうりゅう》になっています。前に進もう、勝とうという力が抑えきれなくなって、まわりの雲はついてこられなくなるのです。

たとえ話をしますと、私の趣味の一つに乗馬があります。馬に乗って、馬が気持ちよく走っている時は、頭が下がって脚《きゃく》が伸びています。しばらく走ったら、今度はスピードを落として軽く走り、そしてまたスピードを上げて走る。そうすると馬は調子よく走ります。でも、調子よく走っている時に、もっともっととムチを当てると、馬はもっと走らなくてはと苦しくなって、首が上がってくるのです。そして伸びていた脚が縮んできます。

鞍上人《あんじょうひと》なし鞍下馬《あんかうま》なしといいますが、馬を走らせている人がリーダー、馬がそれに従う人々と考えてみてください。充分に良い経営ができているにもかかわらず、今のうちにどんどん稼ごう、伸ばそう、という欲を出したら、社員が顎《あご》を出すようになります。

もっと会社を大きくしたい、もっと成長させたいと思うのは、リーダーとして当然のことでしょう。会社を成長させるという大義名分が成り立ちますから、自分はまちがっていないと思うのももっともなことです。

しかし、じつは自分の能力を誇示したい、利益を独占したい、どんなことをしても勝ちたい、という欲にかられ、志を見失っているのです。こうした貪《むさぼ》るような利益優先の経営に拍車《はくしゃ》がかかってくれば、下請けの会社は苦しみ、有能な社員はいち早く遠ざかっていきます。乾惕《けんてき》の段階を経て技術を磨き、物事を観る目が養われてきた部下なら、「この会社は危うい」ということを察するからです。

ここでリーダーに聞く耳があれば、優秀な部下の諫言《かんげん》を受け容れられるのですが、聞く耳がないと、「あいつは自分に刃向《はむ》かった、裏切った」と、左遷して遠ざけるようなことをします。こうして将来、後継者になるような人材を失うのです。一人去り、二人去りと優秀な人材が去り、残るのは耳に痛いことを言わない、阿諛追従《あゆついしょう》の取り巻きたちばかりになります。

人を生かし、時を動かした劉邦《りゅうほう》

歴史上のリーダーがどのような変遷をたどったのか。龍の話の変遷過程に摺り合わせて、伝記や物語を読んでみると、いっそう理解が深まります。ここでは司馬遷《しばせん》の『史記』から項羽《こうう》と劉邦《りゅうほう》のリーダーシップを紹介しましょう。

先に飛龍《ひりゅう》が亢龍《こうりゅう》にならないようにするためには、器量に加え、度量を持つことだと言いました。飛龍《ひりゅう》でありながら、度量をよく用いたといえる人物像が描かれているのが、漢《かん》王朝の初代皇帝、劉邦《りゅうほう》です。

秦《しん》の滅亡後、劉邦《りゅうほう》と項羽《こうう》は覇権を争います。戦いに勝ち、漢王朝を築いた劉邦《りゅうほう》と、「四面楚歌《しめんそか》」になって敗れた項羽《こうう》は、生まれや性格の面からも対照的なリーダーとしてよく取りあげられます。

楚《そ》の貴族の家に生まれた項羽《こうう》は、若年でたぐいまれな才覚を発揮しました。一方、劉《りゅう》邦《ほう》は農家の生まれで読み書きもろくにできず、酒色を好み、昼行灯《ひるあんどん》のような生活を送ります。しかし豪快な性格で人を使うことに長《た》けていました。

劉邦《りゅうほう》には出生から龍にまつわる逸話が語られています。

父の太公《たいこう》は、ある日、大きな沢の堤の上でうたたねしていた妻、劉媼《りゅうおん》の上に蛟龍《こうりゅう》（幼い龍）がいるのを見ます。それからまもなくして、劉媼《りゅうおん》は劉邦《りゅうほう》を産みます。大人になった劉邦《りゅうほう》の人相は龍に似て、酔いつぶれると、体の上にはいつも龍が姿を現わすのです。

劉邦《りゅうほう》の妻、呂后《りょこう》は、劉邦《りゅうほう》がどんなに深く険しい山間に隠れても、いつも夫を見つけだすので、ある日、劉邦《りゅうほう》がどうして見つけられるのかと尋ねると、「あなたの居るところにはいつも雲気がたなびいているので、雲をたよりに探していけば、かならず見つけることができます」と答えます。

さて、このような龍の物語がまつわる劉邦《りゅうほう》は、沛《はい》の県令（今でいう県知事）となり、そして巴蜀《はしょく》・漢中《かんちゅう》を与えられ漢王となり、ついに漢王朝の皇帝になるまでに出世します。

そして能力ある多くの人材を得て、項羽《こうう》との戦いに勝利をおさめます。その逸材の一人が軍師、張良《ちょうりょう》です。太公望《たいこうぼう》の兵法を学び、秦《しん》の制圧を志していた張良《ちょうりょう》は劉邦《りゅうほう》と出会い、軍に合流します。劉邦《りゅうほう》はそれまで誰も相手にしなかった張良《ちょうりょう》の策をよく聞き入れて用いました。これに心服した張良《ちょうりょう》は、以後、軍師として智謀を発揮していきます。

劉邦《りゅうほう》も張良《ちょうりょう》に信頼をよせ、困難に遭うたびに相談し、その諫言もよく受け入れました。

項羽《こうう》と劉邦《りゅうほう》が秦《しん》の都咸陽《かんよう》を制圧する先陣を争っていた時、劉邦《りゅうほう》が先に城に入り、秦王《しん》を降服させました。城の中へ入ってみると、そこは財宝と美女にあふれる豪華さ。つい欲に目のくらんだ劉邦《りゅうほう》がそこに居座ろうとしたのを見て、年長の部下、樊噲《はんかい》が諫めますが、なかなか聞こうとしません。そこで張良《ちょうりょう》が、

「秦《しん》が無道を行ったので、公はここまでこられました。今、楽しみに安んずれば、夏《か》の桀王《けつおう》の暴虐と同じことです。忠言は耳に逆らえども行いに利あり。毒薬（良薬）は口に

苦けれども病に利ありと申します。どうか樊噲《はんかい》の言葉を聞き入れてください」

この言葉に劉邦《りゅうほう》は我に返り、秦の財宝を封印して、城の外に宿営を張ります。

さて、先陣を切ったとはいえ、当時は項羽《こうう》が断然の優勢を誇っていました。項羽《こうう》は、先に都へ入った劉邦《りゅうほう》に激怒して軍を引き連れてやってきます。とうていかなわないと察した劉邦《りゅうほう》は、張良《ちょうりょう》の計によって、項羽《こうう》に謝罪するため「鴻門《こうもん》の会」を開きます。会の最中、劉邦《りゅうほう》は生命の危機にさらされますが、城に留まらなかったことも幸いして、命びろいをします。

その後の激しい覇権争いの末に劉邦《りゅうほう》は項羽《こうう》を倒し、漢王朝を樹立します。祝いの宴の席上でのこと、劉邦《りゅうほう》は「なぜ私が天下をとり、なぜ項羽《こうう》がとれなかったのか、ありのままの意見を言ってくれ」と臣下に、問います。

すると、ある臣下は、

「陛下は傲慢で私たち部下をよくばかにします。項羽《こうう》は情に厚く部下を愛しました。けれど、陛下は、城を落とし、領地を占領した部下に領地を気前よくふるまい、利を自分だけのものにしませんでした。一方、項羽《こうう》は部下の能力を警戒、嫉妬して、領地を得ても部下に利を与えませんでした。それで項羽《こうう》は天下を失ったのです」

それに答えて劉邦《りゅうほう》は、

「そんなところだろうが、公は一を知って二を知らない。本陣で戦略を巡らせて、千里の外で勝利を決するという点では、私は張良《ちょうりょう》に及ばないのだ。国家の内政を充実させ、軍への食糧の供給を保つという点では、私は蕭何《しょうか》にはかなわない。百万の兵の大軍を指揮して、戦いにかならず勝利するといった点では、私は韓信《かんしん》にはかなわない。この三人は、みな傑物である。私はこの三人をよく用いることができた。これが、私が天下を取った理由なのだ。項羽《こうう》には范増《はんぞう》という傑物があったが、唯一人でさえ、用いることができなかった。だから項羽《こうう》は私に敗れたのである」

劉邦《りゅうほう》はリーダーらしいリーダーとはいえなかったかもしれません。豪快でしたが、身勝手に振る舞うところもあり、張良《ちょうりょう》はじめ、部下はたびたび劉邦《りゅうほう》を諫め、軌道修正をしなければなりませんでした。しかし、過ちは素直に認めて諫言に従い、よく時を生かし、人を生かしました。それが、多くの人を惹《ひ》きつけ、大難を逃れて勝利を得た理由なのでしょう。

「あなたは傲慢で人をばかにする」などと部下にずけずけとものを言わせるあたりに、懐の深さも察せられます。また、自分の力量をよく知り、そして人を見る目、意見を聞く耳を持っていたこともうかがえます。

自分の器量に頼った項羽《こうう》

では、項羽《こうう》はどのようなリーダーだったのでしょうか。

劉邦《りゅうほう》との戦いに敗れた項羽《こうう》は若いうちから、才能と実力を備え、すぐれたリーダーシップを発揮して秦《しん》を倒します。劉邦《りゅうほう》との長年にわたる覇権争いで、項羽《こうう》は何度も勝ち、劉邦《りゅうほう》は負けてばかりでした。つねに強く、優勢であったにもかかわらず、敗退の時はあっという間にやってきました。

その大きな要因として項羽《こうう》は人心を集めることができなかったのです。「鴻門《こうもん》の会」ののち、項羽《こうう》は咸陽《かんよう》に入り、降伏した秦王《しんおう》一族など四千人を皆殺しにして宮殿を焼き払い、財宝のすべてを持ちだしました。のちの戦いでも城を制圧すると民を皆殺しにするという非道を行い、また諸侯に対する領地分配でも功績に準ずるものでなく、好き嫌いによる不公平な分配であったので項羽《こうう》に対する反乱が各地で起こっていきます。

一方、劉邦《りゅうほう》は項羽《こうう》の楚《そ》軍から劉邦《りゅうほう》の漢軍に加わった韓信《かんしん》に「項羽《こうう》の逆を行えば人心掌握できる」と進言され、これを用いていきます。

そして項羽《こうう》は最後に漢軍に追いつめられ垓下《がいか》の地に立てこもります。まわりを幾重にも敵に囲まれ、すでに兵力は衰え、食糧も底をついていました。夜になって、包囲する漢軍から楚《そ》の歌を歌う声が聞こえてきます。

多くの味方が敵に寝返り、孤立無援となったことを知った項羽《こうう》は愛する虞姫《ぐき》との別れを惜しみ、包囲を破って脱出します。しかし、まもなく東城《とうじょう》で漢軍に追いつかれます。残った項羽《こうう》の軍はわずか二十八騎でした。

この時、項羽《こうう》は「私は七十数回も戦い、未だ負けたことがなく、ついに天下を獲ったのだ。だが、今こうして苦しんでいるのは天が私を見放したのであって、私が戦いに弱いからではない。それを証明してやろう」と言い、わずかな兵で最後の戦いを挑みますが、戦えたのはそこまででした。

部下が用意した舟で向こう岸に逃げる道を拒み、死を覚悟してさらに追ってくる漢軍へと向かいます。傷を負い、よもやこれまでと思ったその時、項羽《こうう》は漢軍の中に旧知の人物を目に留めると、「貴公に手柄をたてさせよう」と言って、自決し、壮絶な最期を遂げます。

項羽《こうう》は急激に失墜した亢龍《こうりゅう》といえます。その兆候は前もって現われていました。軍師范増の進言を用いずに、劉邦を幾度も取り逃がしました。そしてついには漢の策略によって范増《はんぞう》を疑い、追いやってしまいます。このことが災いして、項羽《こうう》の軍は衰え始めたのです。

聞く耳を持ち、人の力を生かした劉邦《りゅうほう》に対し、項羽《こうう》は自分だけの器量と権力だけに頼ったのです。

『史記』の著者、司馬遷は「項羽本紀《こううほんぎ》」のあとがきで、項羽《こうう》について、少しの領土も持たなかったにもかかわらず、わずか三年で秦《しん》を倒し、覇王となった功績を、古来まれにみる盛事であると評しています。

「しかし、王侯を怨《うら》み、そして自ら功績を誇って聞く耳を持たず、武力で天下を征服しようとしたために、五年で滅びに至った。東城ですでに身は滅んでいたが、それでもなお非をみとめず、過ちを後悔せず、天が私を滅ぼすのであって、戦い方に間違いはないといっているのは、まったくの誤りではないか」と晩年を惜しんでいます。

そして、項羽《こうう》を倒し、漢王朝を樹立した劉邦《りゅうほう》も、のちに共に戦ってきた臣下、諸侯を粛清《しゅくせい》し、亢龍《こうりゅう》への変遷をたどります。

失墜する亢龍《こうりゅう》にならないために

華々しい飛龍《ひりゅう》が降《くだ》り龍となって地に落ちていくという変遷は、とても悲観的な結末のように思います。しかし、どんな英雄も大国も時とともに衰えて、それを免れたものはありません。どれだけすぐれた芸や技術を極めても、年齢とともにかならず衰えていきます。

解説文は、極まったものは必ず衰退するという自然の循環を説いています。

亢龍悔《こうりゅうくい》ありとは、盈《み》つるときは久しかるべからざるなり。

亢龍悔《こうりゅうく》いありとは、満ちる時はまもなく欠けるのが自然の理であり、長くは保てないものである。

亢龍悔《こうりゅうくい》ありとは、時と偕《とも》に極まるなり。

亢龍悔《こうりゅうく》いありとは、すべてのものは時とともに極まり、衰えるという、時の有り様である。

亢龍《こうりゅう》の段階を知らずしては飛龍《ひりゅう》の時を長く保てません。たとえ亢龍《こうりゅう》になったとしても、自らその時を認識して退くという道もあります。

たとえば、飛龍《ひりゅう》が代表取締役とすると、亢龍《こうりゅう》は第一線を退いた代表権のない会長、相談役の地位と考えることができます。

先に飛龍《ひりゅう》が亢龍《こうりゅう》にならないようにするためには、器量に加え、度量を持つことだと言いました。飛龍《ひりゅう》は、自然の成り行きとして、いずれ亢龍《こうりゅう》になっていきます。しかし、飛龍《ひりゅう》の段階ですべき「大人《たいじん》を見るに利《よ》ろし」の実践ができたなら、亢龍《こうりゅう》になって急激に衰え、失墜するのではなく、満月が新月へと向かうように、ソフトランディング、ゆるやかに着地できます。

先ほど、まわりの人を見て学ぶことで、飛龍《ひりゅう》は潜龍《せんりゅう》を見下さず、その志に学ぶことができると言いました。それはつまり、潜龍《せんりゅう》の志を見出して、人を育てることができるということです。そして潜龍《せんりゅう》は飛龍《ひりゅう》に引き上げられて、見龍《けんりゅう》になります。後継者を育てた飛龍《ひりゅう》は失墜することなく、勇退という形で自ら降りていくことができるのです。人に学び、人を育てる力は度量です。度量は、飛龍《ひりゅう》が器量で前に進もうとする力を抑え、滞空時間を長くする力です。

本来であれば、飛龍《ひりゅう》が亢龍《こうりゅう》になる時の流れは自然の変化と同じく、ゆるやかに進みます。しかし、そこに人為がからむと急激に失墜《しっつい》してしまう、そう易経は教えています。

急激に失墜するのは、吝嗇《りんしょく》と慢心の積み重ねが極に達した時です。

青信号は突然赤信号にはなりません。チカチカと青信号が点滅して赤になるよと報《しら》せます。それと同じで、飛龍《ひりゅう》から亢龍《こうりゅう》になる時も、何度も何度も信号が点滅します。信号はあちこちから、あの手この手で報せてきます。その信号に気づいて後悔したならば、自ら退き、ソフトランディングすることができるのです。

亢龍《こうりゅう》を「無位の王」とする解釈があります。これに似た言葉で、儒家では孔子《こうし》を、道家では老子《ろうし》を「素王《そおう》」と呼んでいますが、これは王の位はなくても王の徳を備えた人のことをいいます。つまり、地位にしがみつかず、時をわきまえて力量よりも少し下へ降りるように自らリーダーを退いたならば、その差によって浮力がつき、次は位も権力もない自由な身になって、その才を役立てることができます。飛龍《ひりゅう》のように地上に恵みの雨を降らせることはできませんが、後進《こうしん》や後継者にアドバイスをする相談役としての役目があるということです。

この解釈をすると、**「亢龍悔《こうりゅうくい》あり」**の「悔い」は不祥事によって失墜した後悔とは違って、「まだやり残したことがあるな」という意味になり、リーダーを退いたあとに、もう一度、潜龍《せんりゅう》に復《かえ》って新たな志を打ち立てることにもつながっていきます。

現在、リーダーの地位にある人、またこれからリーダーを目指す人は、自分が亢龍《こうりゅう》になるとは考えたくないかもしれません。しかしこの龍の話に学んで、ぜひ、よくよく亢《こう》龍《りゅう》の研究をしていただきたいと思います。そうすれば、飛龍《ひりゅう》の時をできるだけ長く保つだけでなく、ゆっくりと地に降りていくことができるはずです。

自分のことに摺《す》り合わせてみる

潜龍《せんりゅう》から亢龍《こうりゅう》まで、六段階の過程を追ってきました。

龍の物語は、リーダーに成長するためには、その時々においてやるべきことがあり、それを実践するにあたって注意すべきことや、その身の処し方を教えていました。また、その時々でどんなことが起こってくるか、ということも教えています。

龍の話は、わかりやすい栄枯盛衰《えいこせいすい》の道理を教えていますから、いろいろな事象に照らし合わせて読むことができます。

例として項羽《こうう》と劉邦《りゅうほう》を紹介しましたが、ほかにも歴史上の人物が思い浮かんだのではないでしょうか。織田信長は、「自分は神だ」と言ったという逸話《いつわ》があります。真偽のほどはさておき、次第に自分を神格化していったことはよく語られています。すぐれた器量を発揮する一方で、やはり慢心が生じた末に、本能寺の変で命を落とします。

大きな働きを成した人の経歴の中に、龍の成長過程にぴったりと当てはまるものを見つけるのはそう難しいことではありません。過去の偉人だけでなく、現在活躍中の経営者などのリーダー、または技術者やその道の専門家、芸術家や小説家、スポーツ選手などに照らし合わせてみるのもいいでしょう。あらゆる分野で一流といわれる人の多くが、志を立て、基本を学び、技を習得するという、龍の過程を踏んでいることに気づくはずです。

あるいは、自分の会社は、自分の上司は、今現在「飛龍《ひりゅう》だ」とか「亢龍《こうりゅう》だな」とか、「あの取締役は躍龍《やくりゅう》の段階だ」と、批評家のような目を持って読んだ人もいるかもしれません。まずは、そのように想像を広げて、思い浮かぶ人や物事に照らし合わせてみて、この龍の話が教えていることを「なるほど、そのとおりだ」と確かめ、納得することも大事です。最初の段階の理解は、それで充分です。

そして、自分以外の誰かと照らし合わせることができるようになったら、次はあなた自身の人生、状況を照らし合わせてみてください。あなた自身が今、どこの段階にあるか、見つけられたでしょうか。はっきりとはわからなくても、だいたいこの位置にいるな、とつかめたならしめたものです。

自分は仕事の段階では乾惕《けんてき》から躍龍《やくりゅう》の段階になりつつあるけれども、人の親としての成長を考えると見龍《けんりゅう》の段階だ。そして始めたばかりの趣味のゴルフではまだ潜龍《せんりゅう》だ。そんなふうに、自分の人生をとらえられるでしょう。

龍の話は、リーダーの成長というだけでなく、あらゆる物事の成長過程として考えても役に立ちますから、枠をもうけずに、発想を広げていただいて構いません。何よりも自分のことに引き寄せて、人生のあらゆる場面に摺り合わせてみて、そこから学び取ることが大切です。そして易経の言葉が腑《ふ》に落ちたならば、書いてあるとおりに実践してみてください。自分が成長していく手応えを感じながら、楽しく易経を学んでいくことができます。

さて、私は易経を紹介する時に、「時と兆《きざ》しの専門書」であるとお伝えしています。易経がいかに時の変化を見極めて、正しい判断をしていくかということに対して、研究に研究を重ねて書かれた書物であると紹介しています。

リーダーが身につけるべき、「観る目」を養うには、まず、時の変化の原理原則を知ることです。第三章では、その「時の変化の法則」と易経の基礎知識をお伝えします。

第三章　リーダーの原理原則——易経の基礎知識

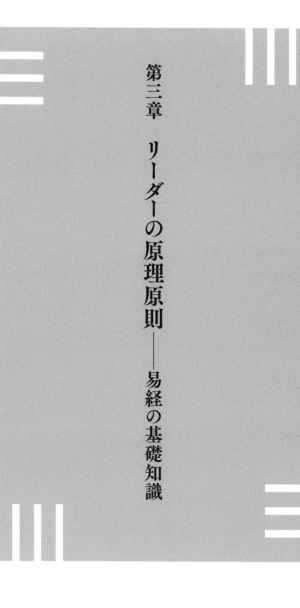

龍の話の構成

第一章、第二章で龍の話の「乾為天《けんいてん》」についてお話ししてきました。本章では易経の基礎知識についてお話しします。

はじめに龍の話の構成を知っていただくために、本文をあらためて紹介しましょう。

乾《けん》は、元《おお》いに亨《とお》りて貞《ただ》しきに利《よ》ろし。

①潜龍《せんりゅう》用《もち》うるなかれ。
②見龍《けんりゅう》田《でん》に在り。大人《たいじん》を見るに利《よ》ろし。
③君子《くんし》終日《しゅうじつ》乾乾《けんけん》、夕べに惕若《てきじゃく》たり。厲《あやう》けれども咎《とが》なし。
④或《ある》いは躍《おど》りて淵《ふち》に在り。咎《とが》なし。
⑤飛龍《ひりゅう》天《てん》に在り。大人《たいじん》を見るに利《よ》ろし。
⑥亢龍《こうりゅう》悔《くい》あり。
群龍《ぐんりゅう》首《かしら》なきを見る。吉なり。

本文はこれだけです。とても短い文で簡潔に書かれています。

はじめに「**乾《けん》は、元《おお》いに亨《とお》りて貞《ただ》しきに利《よ》ろし**」とあるのは、「この物語はこういうことを語り、教えています」という龍の話の全容、プロローグです。

次に続く①～⑥は龍の変遷の六段階です。実際は別な表現で段階をあらわす順序が書かれていますが、ここでは、わかりやすくするために数字にしてあります。

最後に「**群龍首《ぐんりゅうかしら》なきを見る。吉なり**」とあるのは、龍の話の用い方です。

まず、『易経』という書物の構成を簡潔に説明すると、この本文と、本文をさらに詳しく読み解いた解説文からなっています。

「易」は太古からありましたが、それは占いのための符号でした。その読み取り方を文字に記したのは、周《しゅう》の文王《ぶんのう》（紀元前一一五二年～紀元前一〇五六年）と伝承されています。文王《ぶんのう》が書いたといわれる本文はごく短く簡潔に記されていますが、その内容は大変奥深く、後世の賢人たちが研究を重ね、解説を加えていったのです。

天の働きが教える原理原則

よく「企業のリーダーは経営の原理原則を学べ」といわれます。では、その原理原則とはいったい何か。残念ながら、それを明確に書いてある書物は『易経』以外にはありません。

龍の話の中に「四時《しいじ》とその序《じょ》を合わせ」という一文があります。「四時《しいじ》」とは春夏秋冬のめぐりのことです。易経にはこの言葉がよく出てきて、何度も「四時《しいじ》を観《み》なさい。その順序に物事を照らし合わせ、出処進退の手本としなさい」と教えています。

つまり、リーダーが学ぶべき原理原則とは大自然の変化の法則のことです。それは春夏秋冬、朝昼晩のめぐりであり、火は上に燃え上がり、水は下に向かって流れるという、誰もが知っている当たり前のことです。しかし、ここに人としての生き方、社会の道理の根本があると教えています。

易経はこの原理原則に学び、それに則《のっと》る者しか龍にはなれないといいます。

しかし、世の中のほとんどのリーダーは自分に都合よく原理原則をつくっています。あなたの出処進退も、本当に原理原則に基づいているでしょうか。リーダーの重要な役目とは、自分は軌道を外していないだろうかとつねに疑い、学び続けることです。なぜなら、自分の経験やノウハウ、常識や慣例だけで物事を推し進めていたら、いずれ時代が変化した時に通用しなくなるからです。

荀子《じゅんし》もこう言っています。

「君子《くんし》の学《がく》は通《つう》の為《ため》に非《あら》ざるなり。窮《きゅう》して困《くる》しまず、憂《うれ》ひて意衰《こころおとろ》えず、禍福終始《かふくしゅうし》を知りて惑《まど》わざるが為《ため》なり」(真の学問というものは、自分の立身出世や名利のためではなく、困窮しても苦しまず、憂えて心が衰えないためのものである。禍《わざわい》と幸福、その終始の原則を知り、どんな変化に遭遇しても惑わないよう学ぶのである)

易経に学べば、占わずとも先々の変化を見極めて、出処進退が判断できるとすでに話しましたが、なぜ将来を察知できるのかといえば、原理原則を知って時の変化が読めるようになるからです。自分自身の成長も、またリーダーとしての在り方、経営の進め方も、すべては大自然の法則にならっていくことで、問題や障害を解決し、物事を通じさせることができると教えています。

では、龍の話の冒頭に書かれている本文を読んでみましょう。

乾《けん》は、元《おお》いに亨《とお》りて貞《ただ》しきに利《よ》ろし。

天の大きな働きは、健やかで止むことなく、万事に通じて物事を発展、成長させる。

龍の話のプロローグにあたるこの一文を漢文であらわすと「乾《けん》、元亨利貞《げんこうりてい》」とたったの五文字になります。しかし、じつはこの短い文の中にリーダーが学ぶべき原理原則が凝縮されています。

「乾《けん》」とは健やかな天のパワー、働きをあらわしています。天は疲れを知らず、一日も休むことはありません。毎日、太陽は昇り、春夏秋冬はきちんとめぐってきます。そして大地に日差しを注ぎ、雨を降らせて自然界を通じさせ、循環させます。

天の働きをエネルギー源として、私たち人間は活動し、成長、発展することができます。リーダーはこの天の働きにならって、社会に恵みの雨を降らせ、物事を通じさせ、社会に一大循環を起こしなさいと教えています。

「元《おお》いに亨《とお》りて貞《ただ》しきに利《よ》ろし」を漢字で書くと、「元亨利貞《げんこうりてい》」とあらわします。この一字一字に意味がありますが、たとえて言えば、春夏秋冬のめぐりのことです。

「元《げん》」（春）――物事の始まり、元旦の「元」です。ここを始めとして万物が成長していくという意味です。

「亨《こう》」（夏）――「亨《とお》る」と読んで、物事が通っていく、通じていくことを意味しています。春に芽生えた百花草木《ひゃっかそうもく》は初夏にかけて勢いよく伸びます。すらすらと物事が通る。成長して、育っていくということです。

「利《り》」（秋）――利益の「利」、秋の収穫、実りです。万物が成長して、育っていけばかならず実を結び、実りを得ることができます。

「貞《てい》」（冬）――貞《ただ》しい、固く守るという意味があります。実ったものの中には固く守られた種があります。それが大地に落ちて還元されます。また、収穫したものを蔵に収めるという意味もあります。

そして、「貞《てい》」はまた「元《げん》」に還元されて、次の新しい春がやってきます。

この「元亨利貞《げんこうりてい》」から、易経には何が書かれているのですか？と聞かれたとき、私はかならず、「春の次に夏が来て、秋が来て冬が来て、また新たな春がやってくると書いてあります」と、答えています。

易経は、すべての事象は春夏秋冬にたとえられる自然の法則に従って変化し、循環していくといいます。これが古代から現代まで変わらない周知の原理原則です。言い換えれば、世の中の道理、仕組みなのです。リーダーはこの天の働きと循環にならって、役割を行いなさいと教えています。

天のシステムを知る

「易経」の「易」は「易《か》わる」、つまり変化という意味です。易経は英語では「Book of Changes」、直訳すると「変化の書」です。「経」は、もともとは織物の経糸《たていと》の意味です。織物を織るときは、まず、経糸をまっすぐに、ぴんと張ってから緯糸《よこいと》を通していかなければ、良い織物になりません。「経」の字には物事の道理、筋道、人の生きる道、それから国家や組織の在り方、システムという意味が含まれています。

つまり易経は、「変化の道理」について教えている書物であり、その道理が「元亨利貞《げんこうりてい》」だと教えているのです。これにならえば、「経営者」は物事の道理に従って営む人ということになりますね。

さて、次の一文は、先の本文の解説文です。易経の本文は周《しゅう》の文王《ぶんのう》が記し、本文について詳しい解説文を書いたのは孔子であるといわれていますが、あくまでも伝承です。易経の作者については諸説あり、あまりにも歴史が古く定かではないというのが本当のところです、しかし、太古の聖人、賢人によって書き継がれてきたことには間違いありません。

解説文は、リーダーの役割を説いています。

彖《たん》に曰《いわ》く、大いなるかな乾元《けんげん》、万物《ばんぶつ》資《と》りて始《はじ》む。すなわち天を統《す》ぶ。雲行き雨施《ほどこ》し、品物《ひんぶつ》形を流《し》く。大いに終始を明らかにし、六位《りくい》時に成る。時に六龍《りくりゅう》に乗り、もって天を御《ぎょ》す。乾道《けんどう》変化して、おのおの性命《せいめい》を正しくし、大和《だいわ》を保合《ほうごう》するは、すなわち利貞《りてい》なり。庶物《しょぶつ》に首出《しゅしゅつ》して、万国ことごとく寧《やす》し。

象《しょう》に曰《いわ》く、天行《てんこう》は健《けん》なり。君子もって自彊《じきょう》して息《や》まず。

大いなる天の働きは積極、剛健に進む。それによって、万物が育ち、物事が始まる。それは、天道が地上を統《す》べ治めているからだ。雲が行くところ雨を降らせ、地上の生きとし生けるもの、一品、一品を形づくる。

春夏秋冬がめぐることで万物の始まりと終わりが明らかになる。ここでは、この終始を六段階の龍の成長過程とともに、あらわしている。天の循環の法則に従って修養することで、世の中を統べ治める役割を果たすことが可能になる。

また、天の働きによって、人も物事もそれぞれに与えられた役目を果たして生きることで世の中の調和が成り立つ。生きて、成長していく力は、人間のどんな能力にも突出してすぐれたものである。この力によって、個々の人間、動植物は生かし生かされ、あらゆる世は天の働きによって安らかに営むことができる。天の行く道は健やかに成長する。君子はこれにならい、自ら努め励んでいく。

「大いなるかな乾元《けんげん》、万物《ばんぶつ》資《と》りて始《はじ》む」。「乾元《けんげん》」は生命の根元、天の働きです。ここからすべての物事が始まります。この天の働きにならって、リーダーは雲を呼び、雨を降らせて社会を養うという役割を果たしなさいと教えています。

そして、天が大地に恵みの雨を降らせて、万物を養い、それによって、「品物《ひんぶつ》形を流《し》く」のです。「品物《ひんぶつ》」とは、生きとし生けるもの一つ一つの生命です。「手のひらを太陽に」という歌の歌詞の中に「ミミズだって、オケラだって、アメンボだって……」というくだりがあります。人間ならば、一人一人に天のエネルギーが流れて生かされ、それぞれがそれらしく、持ち味、特性を生かして成長していきます。

経営学者ピーター・F・ドラッカーは、経営とは「人を幸せにする仕組みである」と言いましたが、リーダーの使命、役割は、龍が雨を降らせるように、一人一人、一つ一つの物が生長するきっかけをつくり、エネルギーを発して、社会を潤わせることです。その結果、社員とその家族が養われ、そして消費者、取引先も成長します。

次に「大いに終始を明らかにし」、リーダーが役割を果たしていくためには、物事の始まりと終わりをつねにあきらかにしなさいと教えています。終始とは、一日は太陽が東から昇って西に沈む、また一年は春に始まって冬に終わる、というような大自然の循環のこと。会社でいえば、朝の始業から夕方の終業まで、しっかり励んでまた明日の始業につなげることです。

「有終の美」という言葉があります。これは『詩経《しきょう》』の「初め有らざるは靡《な》し、克《よ》く終わり有るは鮮《すく》なし」に由来します。始めは皆、頑張るけれど、終わりを全《まっと》うするのは容易ではないという意味です。もちろん始めも肝心ですが、リーダーはかならず、終わりを全うして次世代につなげていかなくてはならないのです。

次に「六位《りくい》時に成る。時に六龍《りくりゅう》に乗り、もって天を御《ぎょ》す」と書かれています。その「終始」を人間のことに置きかえて六匹の龍の変遷《へんせん》にたとえ、時の変化の原理原則を六段階で教えているのです。

龍の話は春夏秋冬の物語

「乾為天《けんいてん》」の龍の話はいわば春夏秋冬の物語です。

冬の潜龍《せんりゅう》は種を仕込む時です。そして、芽生えの春の見龍《けんりゅう》、青葉が勢いよく生長する初夏の乾惕《けんてき》、そして夏に花開く躍龍《やくりゅう》、実りの秋は飛龍《ひりゅう》、そして晩秋の亢龍《こうりゅう》は、実が熟してやがて地に落ちる時です。そしてまた新たな志を打ち立てる潜龍《せんりゅう》に戻ります。

表1は、龍の成長過程に、人生や、植物の生長、会社組織での地位の移り変わりなど、物事の変化を照らし合わせたものです。

リーダーの成長論を語るとともに、栄枯盛衰の道理も教えています。そしてまた、龍の成長過程は、人や物事のすべてに通じる王道であり、究極の成長論です。

易経は「実践の哲学」といわれます。頭の哲学ではなく、龍の成長過程を実践することで、自身も成長すると同時に、原理原則を学ぶことができるようになっているわけです。

次に、**「乾道《けんどう》変化して、おのおの性命《せいめい》を正しくし、大和《だいわ》を保合《ほうごう》するは、すなわち利貞《りてい》なり」**とあります。この成長過程に従って成長することで、人も物事もそれぞれ個々の資質、役割を生かして成就できる、そして社会の調和が保たれるといっています。

これは人材育成にもいえることです。リーダーが組織全体を成長させるためには、そこで働く人が組織のために個を捨てるのでなく、それぞれの資質を持ち場で伸ばしていけるような、適材適所の教育をすることです。

そして、「君子《くんし》もって自彊《じきょう》して息《や》まず」、自分を生かすのは自分自身です。この天の働きにならって、リーダーは志を打ち立て、自ら務め励んで推進していく。そこから始め

［表１］龍の成長過程と物事の変化の比較

龍の成長	潜龍	見龍	乾惕	躍龍	飛龍	亢龍
季節	冬	春	初夏	夏	秋	晩秋
人生	幼少期	青年期	壮年期	中年期	前高年期	後高年期
植物	種	芽	枝葉	つぼみ	実・花	枯
会社組織	社員	課長	部長	重役	社長	会長
武道・芸道	初級	中級	上級	師範代	師範	名誉師範
思考と行動	アイディア	企画	提案	試行	実現	再考

なくてはならないと教えています。

変化の定義

ここからは龍の話をもう少し深く学ぶために、易経の基礎知識を少しお話しします。まず、時の変化の法則とは何か、ということから始めましょう。

先に「易」という字は、「変化」を意味すると言いました。じつは「易」の一字には、「変易《へんえき》」「不易《ふえき》」「易簡《いかん》（簡易《かんえき》）」という三つの意味があります。これを「易の三義《さんぎ》」といって、この世の中の変化の定義をあらわしています。

一つ目の「変易《へんえき》」は、この世の中のものすべては、一時たりとも変化しないものはない。森羅万象《しんらばんしょう》、人も物も自然も、すべての物事は変化し続けている、ということを意味しています。

「不易《ふえき》」は、その変化にはかならず一定不変の法則性があって、春の次に夏が来て、夏の次に秋が来て、秋の次に冬が来て、また新しい春がやってくる。春の後に冬が来ることはなく、冬の次に秋が来ることもありません。順序をたがえることなく変化して循環していきます。つまり春夏秋冬のめぐり、変化の原理原則を「不易《ふえき》」というのです。

三つ目の「易簡《いかん》」は「簡易《かんえき》」ともいいます。宇宙も自然も人生も、かならず変化しますが、そこには一定不変の変化の法則があります。この変化の法則を私たちが理解しさえすれば、身のまわりの物事の変化はわかりやすいものになるということです。

先にリーダーが学ぶべき変化の原理原則は「元亨利貞《げんこうりてい》」、つまり春夏秋冬だと話しました。「なんだ、そんな当たり前のことか」と思ったかもしれません。しかし、ここにすべての秘訣が隠されています。易経はこの「時の変化の法則」を使いこなせたら、変化の兆しを見極め、先々の予測が可能になり、会社経営も、個人の人生も、ほとんどの問題は解決して万事順調に進むと教えています。

皆さんは、あらゆる物事がこの原理原則に従って変化していると意識したことがありますか。複雑に見える物事も、今、頭を抱えている問題も、じつはその根底に春夏秋冬の循環が流れているのです。つまり仕事にも、家庭生活にも、それぞれに「暦」があるということです。

たとえば、今、会社の売上が落ちてきた冬の時期だとします。早く苦境を脱したいと、焦って凍った大地に種をまいても何も実りません。冬にじっくりと滋養を蓄えて、天の気候と大地の準備が整った春に種をまくことが、一番の近道なのだと易経は教えているのです。

ソニーの創業者、盛田昭夫は、不景気で売上が落ち込んだ冬の時期の過ごし方をこのように指示しています。

「うちは絶対に一時解雇などしてはならない。利益が下がってもいいから、全員をキープしろ。その代わり、不景気の間を利用して社員教育を行う」

次なる春のために、社員の質とやる気、そして団結力を高めるという土壌づくりに励んで、じっくりと時を待ったのです。

このように、もし、私たちが時の変化をありのままに見ることができて、変化にあらがわなければ、その時にぴったりの出処進退ができると教えています。

原理原則の根本は陰陽にある

易経は春夏秋冬の話が書かれていると言いましたが、もっとシンプルにいうと、陰と陽の話なのです。

陰と陽は互いに対立する属性を持った二つの気のことで、易経は、宇宙のあらゆる事象は、すべて陰陽《いんよう》で成り立っている、さまざまな観点から陰陽《いんよう》で判断することができると考えています。易経の根本思想はこの陰陽《いんよう》に基づいており、積極を陽、消極を陰と配していきます。

陰陽《いんよう》の考え方が生まれたのはいつ頃かというと、いつとも定かではない大昔のことで、五千年以上前、伏羲《ふっき》という伝説上の神、帝王が考案したと伝えられています。もともとは、占いの判断のための符号としてあらわしていました。

では、はじめに陰陽《いんよう》の分け方の例をあげてみましょう。

〈陰（⚋）〉地　夜　悪　邪　止　弱　裏　柔　小　月　寒　冬　女　子　−

〈陽（⚊）〉天　昼　善　正　動　強　表　剛　大　日　暑　夏　男　親　＋

例を見ると、陰陽の判断は、弱い（陰）か強い（陽）か、暑い（陽）か寒い（陰）か、のように簡単に分けていますね。とてもシンプルですから、考えるまでもなく感覚でわかると思います。

次に図1の「八《はっ》卦《か》太極図《たいきょくず》」を見てください。易経では陰を⚋、陽を⚊という符号であらわします。この符号を「爻《こう》」といいます。一番下に「太極」と書いてありますが、太

［図１］八卦太極図《はっかたいきょくず》

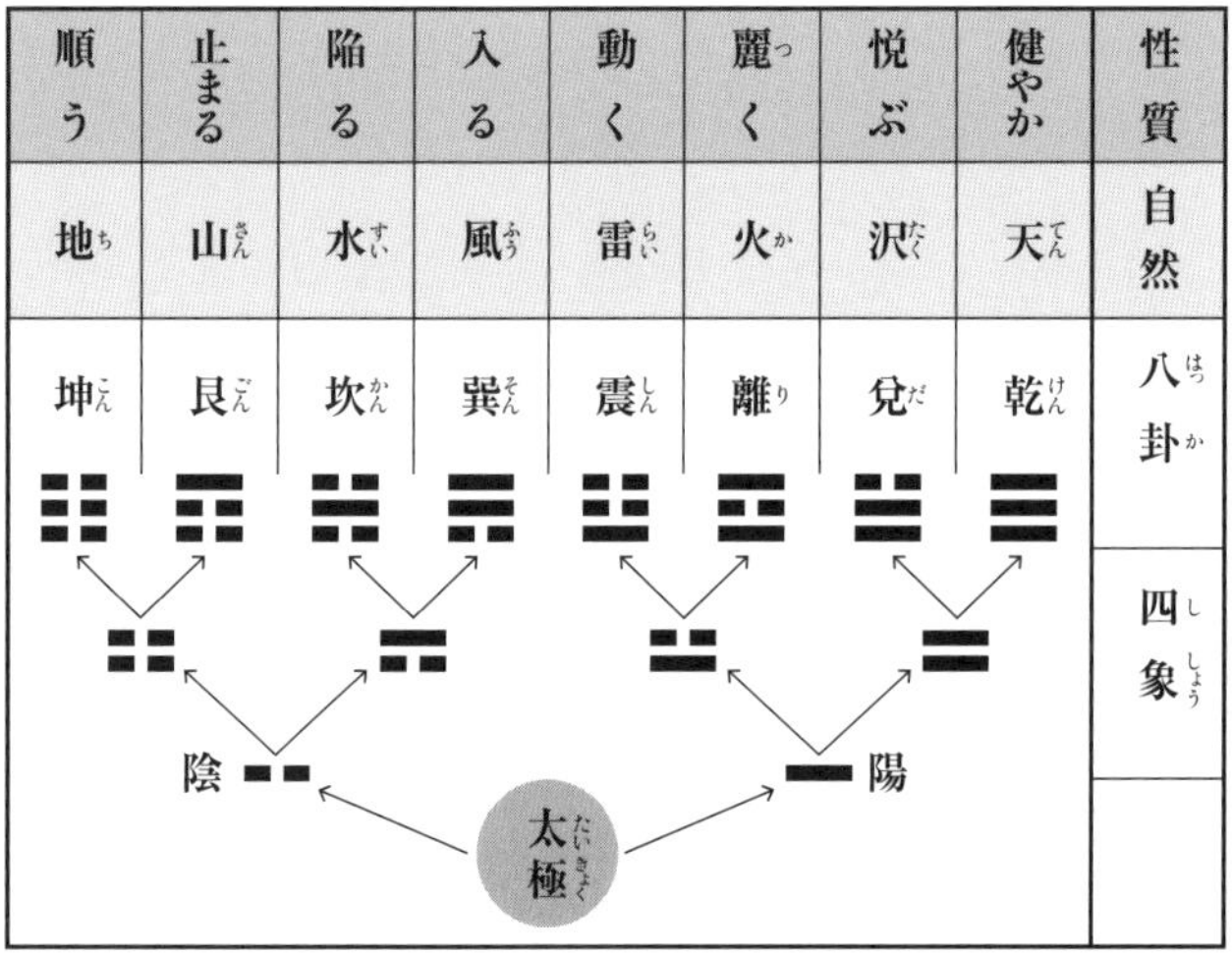

極とは根元的な宇宙のパワー、万象の源です。陰でもない陽でもない、混沌《こんとん》とした状態をあらわしています。ここから陰と陽が発するとしています。

この「太極」はあらゆるものに当てはめることができます。たとえば「人間」は一つの太極です。人間はもともとは陰でも陽でもありませんが、性別で分けると、男性が陽で女性が陰になります。

同じように「自然界」を分けると天が陽、地が陰です。また「私」という人間を取り上げると、私には長所（陽）も短所（陰）もあります。

つまり陰陽《いんよう》は二つの相反するものですが、一つの物事の両側面なのです。表がなければ裏はありません。この世に女性、男性、どちらか一方がいなかったら、そもそも人間自体、存在しません。陰陽《いんよう》は二つに分かれたものではなく、表裏一体、二つで一つのもので、切っても切り離せない関係なのです。

ですから易経では陰は陰、陽は陽と別々には考えません。たとえば男女でみたら女性は陰ですが、だからといって女性が悪くて劣っているとは関連づけません。したがって陰陽《いんよう》を判別するときは、一つの物事に対して、ある視点、側面からスポットを当てて、便宜的《べんぎてき》に判別していきます。あくまでも便宜的というのがミソです。なぜなら、時と場合、視点や条件が変われば、陰陽《いんよう》は簡単に入れ替わるからです。

たとえば、天も晴れれば陽ですが、雨なら陰になります。また一人の人でも、数字の面では弱い（陰）、でも交渉はうまい（陽）となり、条件が変われば陰陽《いんよう》の判別は変わりますから、絶対的な陰もなければ、陽もないわけです。

また強い、弱いといっても、「少し強い」「少し弱い」ということもあります。夏は陽、冬は陰ですが、春も秋もありますね。陰陽《いんよう》は、月が満月や新月だけでなく、三日月や半月にもなるように、とても強くなったり、少し強くなったり、弱くなったりと変化していきます。

易経はこのような変化をあらわすために、陰陽の爻《こう》を発展させて、二本ずつ組み合わせて重ね、全部で四種類の符号にしました。これを「四象《ししょう》」といいます。これにより、夏に近い春は陽に近い陰⚍、夏は陽⚌、冬に近い秋は陰に近い陽⚎、冬は陰⚏をあてることができます。

八卦《はっか》と六十四卦《か》

さて、四種類の符号、「四象《ししょう》」ができました。じつはこの陰陽を組み合わせた符号が発展して、易経の元となる教えの数々ができあがったのです。はじめは辞《ことば》ではなく、陰《いん》陽《よう》の爻《こう》を組み合わせた符号だけでした。この符号に意味づけがなされ、後に本文と解釈が記され、易経という書物になったのです。「龍の話」と紹介してきた「乾為天《けんいてん》」も、もともとは陰陽の符号を読み取ったもので、易経には「乾為天《けんいてん》」を含め、全部で六十四の話が書かれています。

では、その成り立ちまでを紹介しましょう。

陰陽《いんよう》の符号を二本重ねて、四つの符号（四象《ししょう》）ができましたが、これでもまだまだ単純すぎるということで、今度は陰陽の符号を三本重ねた組み合わせにして、全部で八つの符号をつくり、「八卦《はっか》」としました。

易占いについて「当たるも八卦《はっけ》、当たらぬも八卦《はっけ》」という言葉がありますね。一般に「卦《け》」と読むほうが知られていますが、正式には「卦《か》」と読みます。

そしてわかりやすくするために、八卦《か》それぞれに☰乾《けん》・☱兌《だ》・☲離《り》・☳震《しん》・☴巽《そん》・☵坎《かん》・☶艮《ごん》・☷坤《こん》と名前をつけ、さらに自然に配して天《てん》・沢《たく》・火《か》・雷《らい》・風《ふう》・水《すい》・山《さん》・地《ち》と振り分け、性質をあらわした意味づけも加えました。

たとえば、陽の符号が三本の☰には、名前は「乾《けん》」、自然に配して陽気あふれた「天」、さらに「健やか」という性質があります。

さて、物事をもっと詳しく判断するためには八卦《か》ではまだ足りないということで、次に八卦《か》を二つ重ねて、八×八で六十四の卦《か》をつくりました。表2は六十四卦《ろくじゅうよんか》の名前と符号をあらわした「六十四卦《ろくじゅうよんか》早見表」です。

右上に「上」、「下」とあります。八卦《か》を上下に重ねて六十四卦《か》がつくられているので、八卦《か》を上下に分けて表にしてあります。「上」欄の乾《けん》（天）と「下」欄の乾《けん》（天）を合わせたところにあるのが本書で紹介している䷀「乾為天《けんいてん》」の卦《か》です。六本の爻《こう》全部が陽の爻《こう》で成り立っています。つまり、「乾為天《けんいてん》」は陰陽《いんよう》の陽を象徴する卦《か》といえます。

一方、陰を象徴するのが上の坤《こん》（地）と下の坤《こん》（地）を合わせた䷁「坤為地《こんいち》」です。易経入門としては、まず「乾為天《けんいてん》」、そして「坤為地《こんいち》」を学ぶことを私はおすすめしています。

「上」欄の坤《こん》（地）と「下」の欄の乾《けん》（天）の合わさったところの、䷊「地天泰《ちてんたい》」という卦《か》は、物事が順調に運ぶ天下泰平の時をあらわします。この卦《か》は六十四卦《か》の中でもとくにおめでたい形のあらわれとして、よく易占いの看板に描かれています。

卦名《かめい》はふつう、八卦《か》それぞれの自然のたとえが卦《か》の名前の頭に上下の順でついていますが、同じ種類の卦《か》を組み合わせた卦《か》では八卦《か》の名前と自然のたとえを合わせて名前をつけます。たとえば、乾為天《けんいてん》、坤為地《こんいち》のほかに離《り》（火《か》）が二つ重なったものは「離為火《りいか》」と名づけられています。

六十四卦《か》は陰陽《いんよう》が示す原理原則に基づいて、人間に起こり得るあらゆる時の様相が示されています。「このような時は、自然の成り行きとしてこのように変化していく」と、一つの物語のようにその時が記されています。易経が教える「時」は、いわば、映画や芝居のストーリー、あるいはワンシーンのようなものです。

[表 2] 六十四卦早見表

坤☷（地）	艮☶（山）	坎☵（水）	巽☴（風）	震☳（雷）	離☲（火）	兌☱（沢）	乾☰（天）	上／下
䷊地《ち》天《てん》泰《たい》	䷙山《さん》天《てん》大《たい》畜《ちく》	䷄水《すい》天《てん》需《じゅ》	䷈風《ふう》天《てん》小《しょう》畜《ちく》	䷡雷《らい》天《てん》大《たい》壮《そう》	䷍火《か》天《てん》大《たい》有《ゆう》	䷪沢《たく》天《てん》夬《かい》	䷀乾《けん》為《い》天《てん》	乾☰（天）
䷒地《ち》沢《たく》臨《りん》	䷨山《さん》沢《たく》損《そん》	䷻水《すい》沢《たく》節《せつ》	䷼風《ふう》沢《たく》中《ちゅう》孚《ふ》	䷵雷《らい》沢《たく》帰《き》妹《まい》	䷥火《か》沢《たく》睽《けい》	䷹兌《だ》為《い》沢《たく》	䷉天《てん》沢《たく》履《り》	兌☱（沢）
䷣地《ち》火《か》明《めい》夷《い》	䷕山《さん》火《か》賁《ひ》	䷾水《すい》火《か》既《き》済《さい》	䷤風《ふう》火《か》家《か》人《じん》	䷶雷《らい》火《か》豊《ほう》	䷝離《り》為《い》火《か》	䷰沢《たく》火《か》革《かく》	䷌天《てん》火《か》同《どう》人《じん》	離☲（火）
䷗地《ち》雷《らい》復《ふく》	䷚山《さん》雷《らい》頤《い》	䷂水《すい》雷《らい》屯《ちゅん》	䷩風《ふう》雷《らい》益《えき》	䷲震《しん》為《い》雷《らい》	䷔火《か》雷《らい》噬《ぜい》嗑《ごう》	䷐沢《たく》雷《らい》随《ずい》	䷘天《てん》雷《らい》无《む》妄《ぼう》	震☳（雷）
䷭地《ち》風《ふう》升《しょう》	䷑山《さん》風《ふう》蠱《こ》	䷯水《すい》風《ふう》井《せい》	䷸巽《そん》為《い》風《ふう》	䷟雷《らい》風《ふう》恒《こう》	䷱火《か》風《ふう》鼎《てい》	䷛沢《たく》風《ふう》大《たい》過《か》	䷫天《てん》風《ぷう》姤《こう》	巽☴（風）
䷆地《ち》水《すい》師《し》	䷃山《さん》水《すい》蒙《もう》	䷜坎《かん》為《い》水《すい》	䷺風《ふう》水《すい》渙《かん》	䷧雷《らい》水《すい》解《かい》	䷿火《か》水《すい》未《び》済《せい》	䷮沢《たく》水《すい》困《こん》	䷅天《てん》水《すい》訟《しょう》	坎☵（水）
䷎地《ち》山《ざん》謙《けん》	䷳艮《ごん》為《い》山《さん》	䷦水《すい》山《ざん》蹇《けん》	䷴風《ふう》山《ざん》漸《ぜん》	䷽雷《らい》山《さん》小《しょう》過《か》	䷷火《か》山《ざん》旅《りょ》	䷞沢《たく》山《さん》咸《かん》	䷠天《てん》山《ざん》遯《とん》	艮☶（山）
䷁坤《こん》為《い》地《ち》	䷖山《さん》地《ち》剝《はく》	䷇水《すい》地《ち》比《ひ》	䷓風《ふう》地《ち》観《かん》	䷏雷《らい》地《ち》予《よ》	䷢火《か》地《ち》晋《しん》	䷬沢《たく》地《ち》萃《すい》	䷋天《てん》地《ち》否《ひ》	坤☷（地）

龍は陰陽《いんよう》の〝陽〟を象徴する

陰陽《いんよう》を説明するのに一番わかりやすいたとえは、天と地です。大自然を陰陽で分けると天が陽、地が陰になります。天は大地に太陽の光と雨を注ぎます。天は絶大なるエネルギーを発して、そして一時も休むことがありません。毎日、太陽が昇り、沈んで、春夏秋冬がめぐっていきます。

一方、大地は天のエネルギーを受けて万物を生み、育てます。大地は雨がどれだけ降ろうが嵐が来ようが、美しいもの、みにくいものを選ばず、いやがらず、一切合切を受け容れるパワーがあります。

この天と地の働きが陰と陽のそれぞれの特質と役割をあらわしています。つまり発するのは陽、受けるのは陰です。天が主導して地がそれに従います。

龍の話は天の働きにならって、リーダーの成長論を説く物語です。じつは易経では龍といえば、天の働きを担うことから「陽」を象徴するものと決まっています。一方、龍に対して従う雲は「陰」になります。会社組織を陰陽で考えると、経営者は陽、それに従う社員、従業員は陰になります。

龍の話は陰陽《いんよう》でいうと、陽の物語です。リーダーに必要な陽の力の育て方、発揮の仕方を教えているのです。では、陽のことだけを学べばいいのかといったら、そうではありません。次の一文は易経のもっとも根本的な教えをいいあらわしています。

一陰一陽《いちいんいちよう》これを道と謂《い》う。

陰陽《いんよう》は互いに相反し対立しながら、助け合う。そして混ざり合おうとして交わりながら、螺旋《らせん》状に大きく循環して発展成長する道をつくる。

天が発して地がそれを受け止めることで、万物が成長して新たな変化が起こります。どちらか一方だけでは変化は起こりません。男性（陽）と女性（陰）が交わることで、赤ちゃんが生まれます。陽が発して、陰がそれを受ける。陰陽《いんよう》が交わることで新たな変化が起きるのです。この陰陽《いんよう》の交わりこそが大切なのだと易経は教えています。

古来、日本では人の上に立つためには、文武両道を学ぶことだといわれてきました。「文」の学問は陰、「武」の武力は陽です。両方を兼ね備えてこそ、リーダーシップが発揮できるということです。

活躍の陰《かげ》には、必ず努力があります。また、「陰徳《いんとく》あれば必ず陽報《ようほう》あり」といって、陰徳《いんとく》を積めば良い報いがあるといいます。じつは陽の力を育てるのは陰の力なのです。

易経の教えの要は「時中《じちゅう》」

「時中《じちゅう》」という言葉をほとんどの人はご存じないと思います。これは易経にある言葉で、「時《とき》に中《あた》る」、または「時《とき》に中《ちゅう》する」と読み、その時にぴったりの、という意味です。

春には春のことをして、夏には夏の、秋には秋の、冬には冬にすべきことをする。ツキがあろうがなかろうが、これを継続することで、春に種をまき、秋に収穫するという永続的利益につながります。そして次の春の兆しがわかると教えています。

先に紹介した見龍の解説文に「中《ちゅう》する」という言葉がありました。

見龍田《けんりゅうでん》に在り、大人《たいじん》を見るに利《よ》ろしとは、何の謂《い》いぞや。子曰く、龍徳《りゅうとく》ありて正しく中《ちゅう》する者なり。

水田に現われた見龍《けんりゅう》は大人《たいじん》を見て学びなさいとはどういうことか。見龍《けんりゅう》が学ぶべき大《たい》人《じん》とは志がしっかりして、当たり前のことが当たり前にできる人である。

見龍《けんりゅう》が学ぶべき大人《たいじん》とは、飛龍《ひりゅう》にあたる人物です。それは易経が尊《たっと》ぶ「中《ちゅう》」の精神を備えた人物です。

「中《ちゅう》」とは何かといったら、中庸《ちゅうよう》のことです。「中庸《ちゅうよう》」は、過ぎたるも及ばざるもなく、その考えや行動が一つの立場に偏《かたよ》ることがないという意味です。

「中庸《ちゅうよう》」といえば、出すぎないほどほどの心得、いつ何時でも穏やかで柔和、中立の立場をとって軋轢《あつれき》を避け、波風を立てないようにする、または、右と左の真ん中でバランスをとることと思いがちですが、違います。

「中《ちゅう》」は、寸分違いなく、まさしく的に中《あた》る、的中することです。その時にぴったりの意見を「的を射た意見」といいますね。つまり暑くもなく、寒くもない、ちょうどいい季節が「中《ちゅう》」とは限らないのです。夏は、暑すぎるくらい暑いのが「中《ちゅう》」です。そうでなければ植物も動物も育ちません。同じく冬は厳しい寒さが「中《ちゅう》」です。

「時中《じちゅう》」は「その時にぴったりのことをすることで時が通る」という意味で、つまり解決策です。

易経は、つねに時、時、時、と説く「時の専門書」です。こういう時はこのように処しなさいという「時中《じちゅう》」が書かれていて、書かれているとおりにすれば、順調を長く保ち、逆境に長く苦しむことなく、物事はスムーズに通る、進んでいくと教えているのです。

ふつう、皆さんは困った時や、調子の悪い時に解決策が欲しいと思うでしょう。しかし、易経には良い時にも、悪い時にも、「時中《じちゅう》」がかならず書かれていて、そうでなければ、何一つ、物事が通らないと教えています。つまり好調の時でも「時中《じちゅう》」を行わなければ、いずれ通らなくなるのです。また、たとえ大混乱の最中であっても、悲しみの渦中にあっても乗り越えるための「時中《じちゅう》」がかならずあるのです。

易経には龍の話を含めて、全部で六十四の物語が書かれており、私たちが人生で遭遇するほとんどの時が網羅されています。そして、すべての物語は龍の話と同じく六段階の変遷で記され、その時々に何をすべきか、その時にぴったりの出処進退である「時《じ》中《ちゅう》」が具体的に書かれています。

では、龍の話のそれぞれの段階にはどのような辞《ことば》が書かれていたでしょうか。もう一度見てみましょう。

第一段階　潜龍《せんりゅう》は用いてはならない。
第二段階　見龍《けんりゅう》は実践の場で大人《たいじん》を見て、真似て学びなさい。
第三段階　朝から晩まで積極果敢に邁進して、夜になったら一日を振り返りなさい。
第四段階　ある時は試みの跳躍をし、またある時は潜龍《せんりゅう》の志に立ち返りなさい。
第五段階　まわりのすべての人、物、事に学びなさい。
第六段階　驕《おご》り高ぶったなら、すみやかに後悔しなさい。

これが龍の成長過程における六つの「時中《じちゅう》」です。
潜龍《せんりゅう》の時の時中《じちゅう》は「潜龍《せんりゅう》、用うるなかれ」です。力がない時に焦って動いてはならない。内面を養い、確乎不抜《かっこふばつ》の志を打ち立てなさいと教えていました。そこから龍の道が始まります。

つまり「時中《じちゅう》」とは、原理原則の軌道に乗るための出処進退、身の処し方なのです。そして「時中《じちゅう》」を能動的に実践することを「中《ちゅう》する」といい、原理原則を体得するには「中《ちゅう》する」ことが大事であり、これが易経の本懐といえます。

時流に乗るな「時中《じちゅう》」を観よ

よく、「リーダーは時流を読め」といわれます。時流とはその時の、世の中の傾向や風潮です。そこから世の中の流行、趨勢《すうせい》（トレンド）という意味も含んでいます。

ところが、易経はこの時流には乗ってはいけないと強く警告し、「時流を追うものは、時流とともに滅びる」といい、「時中《じちゅう》を観よ」と教えます。

さて、時中《じちゅう》はその時にぴったりの、という意味でした。時流に乗るのとどこが違うのかと思いますが、じつはまったく正反対の意味を持っています。

わかりやすい例としてバブル期当時の話をしましょう。

当時、銀行は企業や資産家に、「融資をするから土地を買いませんか。もう転売先は決まっています」と、いわゆる土地転がし話を積極的に持ちかけてきました。もちろん、中部地区でも有数の実業家であり資産家のところにも話がやってきました。

その人は少し考えてから父親である先代に相談しました。すると先代は話を黙って聞いてから、「ところで、うちは銀行に借金するほど困っているのか？」と、たずねました。「もちろん、困ってはいません」と答えると、先代はあっさりとひと言、「じゃ、借りるのはよしなさい」と言ったそうです。この判断は「時中《じちゅう》」です。時の的を鋭く射貫いて、言うまでもなく、後の命運を分けたのです。

リーダーはその時の流行や風潮に乗って利益を上げることが役目だと思いがちです。たしかに時流というものはあります。うまく波に乗れたなら、一時は、華々しく飛躍できるでしょう。しかし、時流のサーフィンはいつまでもできるものではありません。ツキが落ちたらそれで終わりで、かならず原理原則を見失います。

時流は「冬はいらない。できれば避けたい」という考え方です。一方、易経は、「冬こそ大切で長い冬があるから次の春夏秋冬が順行する。冬は準備期間で最大のチャンスだ」と教えています。

大自然は春夏秋冬、順序を違えず、循環して通じています。ところが、ここに人為がからむと、通じなくなるのです。春夏秋冬にならった道は、物事が成長して成り立っていくための当たり前の道で、「常態」といいます。一方、これに外れるものは「変態」といって、中途挫折の道になります。

さて、易経の基礎知識とともに、リーダーが知っておくべき時の変化の原理原則について述べてきました。本書は超入門編として、易経の龍の話、「乾《けん》為《い》天《てん》」だけを集約してお伝えするために、易経の歴史の解説等は割愛《かつあい》しました。
次作の『超訳 易経 陰』篇で紹介しますので、ご参照ください。

第四章

「時」と「兆し」を観る目を養う

物事は窮《きわ》まった時に変化する

春夏秋冬がめぐるように、陰陽は時の変化とともにそのあらわれ方も変化していきます。では、どのように変化していくのでしょうか。易経のもっとも有名な言葉が次の一文です。

易窮《えききわ》まればすなわち変《へん》じ、変ずればすなわち通《つう》じ、通ずればすなわち久《ひさ》し

すべての物事は窮極《きゅうきょく》に達した時に変化する。変化すれば通じていく。そして通じることで物事は恒久的に変通《へんつう》を繰り返して循環していく。

この世のあらゆる物事は、とことんまでいって窮極に達すると変化する、という意味です。これは陰陽の変化の法則をあらわしたものです。ちなみに「窮《きわ》まる」と「極まる」は、どちらも同じ意味で、「究極」という言葉は古くは「窮極《きゅうきょく》」と書きました。すべての物事の変化は、陰が窮《きわ》まれば陽になり、陽が窮《きわ》まれば陰になる。陰陽が入れ替わり、立ち替わりして物事は通じて循環していくと教えています。

つまり、冬の寒さがピークに達して窮《きわ》まると春になり夏へ向かい、また夏の暑さがピークに達すると秋になり、冬へと向かいます。そうして春夏秋冬は、恒久的にめぐっていきます。月の満ち欠けも新月が満月になり、また新月になりますね。

物事は窮《きわ》まった時に対極へと方向転換するのですが、自然の変化は陰陽《いんよう》が急に入れ替わるわけではなく、時間をかけてゆっくりと移り変わっていきます。

人生には良い時も悪い時もありますが、「窮《きわ》まれば変ず」で、順境も逆境もずっと続くわけではなくかならず変化していきます。今が順風満帆であったとしても、かならず陰に転じる時が来ます。また今、苦境に陥っていて、人生の冬のような時であっても、かならずまた陽に転じて春がやってきます。

陰陽《いんよう》は、互いに対立し、反発しながらも、助け合い、補い合って、交ざり合おうとして新たな変化を起こします。苦境はできれば避けたいものですが、苦しみや努力なくして人間は成長しません。悩みや問題に直面したおかげで、反対に新たな希望や発想、勇気が湧いてくるものです。

易経は、すべての物事は変化するから成長、発展していくと説き、変化することを重んじています。それが良い変化であれ、悪い変化であれ、変化こそが私たちの成長の糧である。これが易経の根本思想になっています。

兆《きざ》しはかならず報《しら》せてくる

すべてのものは窮《きわ》まった時に変化する。これが先々を見極める、兆しを観《み》る目を養うためのポイントになります。易経は、物事がピークに達すると反対の方向への変化を報《しら》せる兆《きざ》しが発せられると教えています。

「兆し」とは物事が起ころうとする前触れ、兆候をいいますが、じつは、易経には二種類の「きざし」が書かれています。一つは目に見えない「兆し」。洞察力を持って観るものです。もう一つは目に見える「萌《きざ》し」。これは梅の花がほころんだのを見て、「春が来たな」と感じられるものです。易経がリーダーに不可欠としているのは、目に見えない、まだ隠された「兆しを観る目」です。

では、物事のピークとはどこでしょう。

たとえば冬のピークといえば、普通、一月はじめの寒の入り（小寒）から大寒を過ぎて節分までの寒さが厳しくなる頃を考えますね。ところが、易経のいう冬のピーク、つまり春の兆しを発する時というのは、十二月の冬至です。

冬至は一年で一番日が短くなる日、つまり極に達する日です。そして極に達した次の瞬間、「窮《きわ》まれば変《へん》じ」で反対方向に転じ、日照時間は日に日に伸びて、着実に春に向かいます。ですから冬至は一陽来復《いちようらいふく》といって、春の陽気が復《かえ》ってきた日というのです。しかし実際は、冬至に春の兆しはまったく感じられません。私たちが目に見える春の萌《きざ》しを感じるのは、二月の立春を過ぎた頃です。

このように暦の上では「時が窮《きわ》まった」ことを知ることができますが、社会情勢や身の回りの出来事の冬至を知ることは、まず不可能といってもいいでしょう。物事は窮《きわ》まった瞬間に新たな変化が生じるとはいっても、まだ目に見えない、表にあらわれない段階で私たちの生活にそれを生かすのは大変難しいのです。

私たちはたいてい、現象化されたところをピークといいます。実際、冬至が示す目に見えない、肌で感じられない極点と、大寒の厳しい寒さが示す現象の極点はかなりのずれがあります。しかし、物事は窮《きわ》まった瞬間に新たな変化の兆しが生じており、現象のピークが現われた時には、すでに極点を過ぎているということを知ると知らないとでは大きな違いがあります。

実際、冬至を境に、僅《わず》かずつ日が伸びていきます。寒さ厳しい中にも「あ、日が伸びたな」と気づくことがありますね。そのように兆しはかならず信号を発して報せてきます。兆しは、萌《きざ》しのずっと前の段階に示される、目に見えない水面下で起こっていることの報せなのです。

それはいわば、「真夏に冬を知る」ことです。易経は、「最大の勢いは衰退の兆し」「圧倒的な勝利は、その直後から内部崩壊が始まる」と教えていますが、こうしたことは観る目がないと察することはできません。

兆しはチカチカと信号が一瞬、点滅する程度のものです。たとえば、会社の製品に不良品が出て、一本のクレームの電話が来た。これが最初の兆しです。重大な欠陥ではなく、たまたまだろう、たいしたことはないと処理してしまうようなことに、重大な過失が潜んでいることがあるものです。そういう兆しは微《かす》かながら、かならずその後も二度、三度、四度と報せてきます。

もしその製品が好評で順調に売上を伸ばしていたら、つい見逃したくなるものですが、観る目があると、こういう兆しが示された時にぞっと震えることができるのです。

この兆しに対して、「まあ、大丈夫だろう」と処理して終わってしまうか、徹底的に点検して原因を突き止め、未然に対処できるか、リーダーの姿勢と観る目が組織の命運を分けるのです。これは良い兆しであっても同様です。成長のチャンスをつかむか、逃してしまうかが、組織の行方を決めるのです。こうしたことから、リーダーは見えないものを観る力がなくてはその地位にふさわしくない、と易経は説いています。
兆しの段階でいつ気づくか。物事は窮《きわ》まれば変化します。これが一つの指標です。それを知って、意識することが大切です。そして「通ずれば久し」、兆しに気づいたなら、通じさせて継続するための対処、努力をしなさい、なるべく早く気づくように、時の変化の原理原則を知り、「兆しを観る目」を磨きなさいと易経は教えているのです。

兆しを観る素養

易経は「時」を見極める洞察力と、「兆し」を察する直観力を養う書物だとお話ししました。その直観力の素養を身につける時が、乾為天《けんいてん》、三段階目の「乾惕《けんてき》」です。
では、あらためて乾惕《けんてき》の段階に書かれている「兆し」を観る素養についての解説文を見てみましょう。

至《いた》るを知りてこれに至《いた》る、ともに幾《き》（を言う）べきなり。終わるを知りてこれを終わる、ともに義《ぎ》を存《そん》すべきなり。

今の状況がどこに至るのか、それを前もって予測し計画を立て目的に至る。これがやがて兆しを察知する力になる。そして、目的の終わりまで自分に厳しく、責任を持って業務を終え、成果を上げるべきである。

第一章で、この実践を繰り返し行うことでわずかな機微を認識する力が養われ、それらは問題意識や危機管理意識につながる、そして「幾」とは兆しのことだと話しました。

少しレベルの高い話になりますが、ピーター・F・ドラッカーの晩年の著作の中に、『すでに起こった未来——変化を読む眼』というタイトルを見つけました。**「至《いた》るを知りてこれに至《いた》る、ともに幾《き》（を言う）べきなり」**は、これと同じ意味です。つまり未来を想像して察するということです。

「至《いた》るを知りてこれに至《いた》る」とは、いわば専門家の目といえます。たとえば、新店舗が流行《はや》る、流行らないということを、その道に通じているプロや専門家は、オープンする前の外観や様子を見ただけでわかるといいます。これが「すでに起こった未来」なのです。普通の人にはわからないことを、瞬時に直観するわけです。

囲碁の名人ともなれば、何十手、何百手も先を見通し、次にどこに石を置くべきか一瞬でとらえるそうです。

なぜ、それができるのかといえば、高い質を目指して、努力と経験を重ねてきたからです。日常の仕事や業、生活の中で生じたほんのささいな問題、トラブル、あるいは失敗という目に見えてあらわれた萌芽を見逃さず、自らの経験としてきた結果なのです。「知る」とは、仕事の経験を重ねて習熟する「時の変化」の法則性であり、経験した人にしかわからないものです。とても個人的なその人独自の意識ともいえます。

だからこそ、**「至《いた》るを知りてこれに至《いた》る」**という意識が「兆し」を察する直観を養うのです。

一方、意識と対になるのが、**「終わるを知りてこれを終わる」**という実践です。考え至ったことを実行して、処理すべき問題を解決し、業務を滞りなく終えます。そして、一日が終わってからそれを省みて、言葉にあらわせない「幾」を知る。この延々とした反復によって、次第に物事の核心に至ります。そして萌芽を見ずとも現象が起こる前触れ、兆しによって、至るところを「阿吽《あうん》の呼吸」で知るようになるのです。

幾《き》（兆し）を観て立つ

「兆し」を見たならば、すぐに行動せよという一文が『易経』の「繋辞下伝《けいじかでん》」にあります。兆しに気づいたとしても、行動できないのはどこかに偏《かたよ》りがあるからでしょう。上司に諂《へつら》い、部下に過剰に頼ったり、部下を侮《あなど》ったりしていては、判断力と行動力が鈍ります。

幾《き》を知るは其《そ》れ神《しん》か。君子は上交《じょうこう》して諂《へつら》わず、下交《かこう》して瀆《けが》れず。其れ幾《き》を知れるか。幾とは動の微《び》、吉凶《きっきょう》の先《ま》ず見《あらわ》るるものなり。君子は幾《き》を見て作《た》つ。日を終《お》うるを俟《ま》たず。

物事の微かな兆しを知ることは、神業であろうか。兆しを知る者は目上の人に媚《こ》び諂《へつら》うことなく、目下の人と節操なく親しんだり、侮《あなど》ったりすることはない。それは将来の兆しを知るからであろう。兆しは物事が動き始める前の吉凶のわずかな前兆である。君子は兆しを見たならば、一日を置くことなく、実行する。

兆しを知るのは、はたから見れば神業《かみわざ》のように思います。

「桐一葉落ちて天下の秋を知る」という名句がありますが、あるとき桐の葉が一枚、落ちるのを見て、天下政権が衰退に向かっていることを察したというものです。桐の葉は他の落葉樹木よりいち早く落葉することで知られ、衰亡の兆しの象徴とされていますが、まったくかかわりのない現象から、物事の在りようを知るわけです。

もちろん、兆しに気づくだけでも神業《かみわざ》のようなものですが、**「君子は幾《き》を見て作《た》つ。日を終《お》うるを俟《ま》たず」**とあるように、兆しを知ったなら、それに応じて兆しを使えなくてはなりません。危機の兆しを察したならば、翌日を待たずにすぐに行動を起こすくらいでなくてはならない、と教えています。

「上交《じょうこう》して諂《へつら》わず、下交《かこう》して瀆《けが》れず」とは、兆しを知る者が社会や組織の中で、事にあたる際の姿勢です。上司や部下、目上や目下の人と親しんでいても、しがらみに縛られることなく、進むべき時に進むという自分の本来の役割、時に適した行動をすぐにとれる態勢、立場をとっていくことです。

上司に諂《へつら》い、また取引先、得意先と賄賂《わいろ》のやりとりや、過剰な接待で馴《な》れ合い、部下によく見られたいと泥《なず》めば、その居心地のいい場所に居座ってしまいます。私欲や私情に流されてしまっては兆しを察することはできません。たとえ兆しに気づいたとしても行動に至らず、たとえ行動したとしてもどこかに偏《かたよ》りが生じて時に中《あた》ることもできないでしょう。

吉田松陰がこれに似たことを言っています。

成《な》し難《がた》きものは事《こと》なり。失い易《やす》きものは機なり。機来《きた》り事《こと》開きて成す能《あた》わず、坐《ざ》してこれを失うものは人の罪なり。

成し遂げることが難しいのは事業である。失いやすいのは機会である。機が来て、事業を行っても、成し遂げることができず、座ったまま、何もせずにこの機会を失うのは、人の罪である。

兆しを観て立つ。機を失う「人の罪」の一つが、人間関係の乱れにあります。人間関係において、どこにも固執しない、偏《かたよ》らないということが、機が訪れた時に人々の協力、賛同を集めて、やるべきことを成すためのスタンスといえます。

組織や集団にいると、思い込みや私情に気をとられて、現状を客観視できなくなりがちです。組織の中にいてもアウトサイダー的意識をもって、物事を客観視できなくてはなりません。一つのものに焦点を合わさず、いついかようにも行動できるよう、状況を大局的にとらえようとする態勢が必要なのです。

「木を見て森を見ず」という言葉がありますが、思い込みや欲、執着などにとらわれていたのでは、物事の全体を把握することはできません。

客観視とは、いわば八方に目を向けるような三百六十度の視野です。中国武道に「八《はっ》方目《ぽうもく》」という基本型がありますが、視野の中心に目を置きながら、周辺全体を見る目をもって、状況の分析力、認識力といった観察眼を究《きわ》めていきます。すると、相手の心、動きを前もって察知できるようになり、背後にも目があるかのような、隙《すき》のない立ち方ができあがるといいます。客観視はやがて大局観となり、深い洞察力を養います。

時の風を観る

猿楽師、世阿弥《ぜあみ》は演能《えんのう》（能を演ずること）においての兆しと機のとらえ方について、このように教えています。

「まず、その日の庭の様子を見れば、その日の能の良し悪しの兆しがあらわれている。これは言葉にできるものではない。けれど、おおよその考えでいえば、大勢の観客が集まる演能では、観客のざわめきがなかなか静まらない、そういう時は満を持して観客の静まるのを待つ。

やがて、始まるのを待ちかねて、数万人の心が一つにまとまり、今か今かと楽屋のほうに気持ちが集中するようになる。その機をとらえて、間髪《かんぱつ》入れずに登場して第一声を謡《うた》いだせば、ただちに観客はその場にふさわしい空気感を醸し出し、観客と演技者のふるまいがしみじみと和合一体化する。そうなれば、その日の能はかならずや良いものになる」

兆しを観るのは、霊感、直感ではなく、「直観《ちょっかん》」です。世阿弥《ぜあみ》も言葉でいいあらわすことができないと語っていますが、何が兆しかというのは、それを察知した人に聞いても明確な答えは返ってこないものです。

「観る」は、見えないものを観る、洞察力をもって観ることだと言いましたが、「観」という字は、「観る」のほかに、「観《しめ》す」（示す）という意味があります。なぜ見えないものが観えるのかというと、それは示されているからです。もし、観る力があれば、ふとした表情からその人の心中を察する、湿った空気から雨が降ると天候を察するように、まわりのすべてのものが示しています。

易経は、「観る」とは風を観ることだと教えています。風は目に見えませんが、木の枝が揺れたり、葉がざわざわと音を立てたりする。また、旗がどっちにはためいているかを見れば、どの方向から風が吹いているかがわかります。つまり何かの媒体を通して風を知ります。

これと同じく、たとえば、自分の会社は今どんな状況なのか、どの方向に向かっているのか、それは伸びゆく夏なのか、衰退の冬なのか。それは、目に映るまわりのすべての物事を媒体にして示されている。だから観ることができると教えています。

まわりのすべてが兆しを報せている

飛龍《ひりゅう》の時は、兆しを用いて時の的を射ていく時です。兆しを察し、用いていくための理解を深めるために、解説文をもう一度読んでみましょう。

飛龍《ひりゅう》天に在り、大人《たいじん》を見るに利《よ》ろしとは、何の謂《い》いぞや。子曰《しいわ》く、同声相《どうせいあ》い応《おう》じ、同《どう》気相《きあ》い求《もと》む。水は湿《うるお》えるに流れ、火は燥《かわ》けるに就《つ》く。雲は龍に従い、風は虎に従う。聖人作《せいじんおこ》りて万物観《ばんぶつみ》る。天《てん》に本《もと》づく者は上《かみ》に親しみ、地《ち》に本《もと》づく者は下《しも》に親しむ。すなわち各各《おのおの》その類《るい》に従うなり。

飛龍《ひりゅう》は天に在って、能力を存分に発揮するが、大人《たいじん》を見て学ぶが良いというのは、どういうことか。

同じ声を発するものは共鳴し、同じ気を求め合って飛龍《ひりゅう》のもとに集まる。水は湿ったほうへ流れ、火は乾いたものに付くように、水の物である龍には雲が従い、威《い》を奮う虎には風が従う。そして誰もが飛龍《ひりゅう》を聖人のように仰ぎ見る。生命を天から受ける動物は頭を上にして、地から受ける植物は、その根を下に張るように、皆それぞれの類に従うのである。

龍と雲は異なるものですが、同じ気を持ち、それが共鳴し合うのです。こうした共鳴が共鳴を呼び、偶然に導かれるように、時の的を射て、物事が成り立っていくのが飛龍《ひりゅう》の時です。

兆しを直観するとは、阿吽《あうん》の呼吸、以心伝心《いしんでんしん》です。「阿《あ》」は万物の始まり、「吽《うん》」は終わりの象徴です。何かのきっかけで始まりを知り、同時にその終わりを知ること、一瞬にして腑《ふ》に落ちることです。

禅の逸話に「拈華微笑《ねんげみしょう》」があります。釈迦の説法の場で、ある弟子が「悟りとは何か」と尋ねたところ、釈迦は黙って花を拈《つま》みました。それを見て弟子の迦葉《かしょう》だけが悟り、ふっとほほえみます。それを見た釈迦は「あの者だけに伝わった」と言い、迦葉を後継者とします。これが以心伝心《いしんでんしん》です。

シンクロニシティという言葉をご存じでしょうか。

心理学者のカール・グスタフ・ユングが提唱したもので、「共時性《きょうじせい》」ともいいます。心で感じたこと、思ったことと外部の出来事とが、あたかも因果的な関係があるかのように、共振共鳴《きょうしんきょうめい》して、意味をなすことをいいます。「ある人に会いたいとふと思ったら、その人から電話があった」という、偶然の一致のことです。

「同声相《どうせいあ》い応じ、同気相《どうきあ》い求《もと》む」とは、いわばシンクロニシティのことです。それが偶然でなく、ある方向性をもった必然に変わっていくということが飛龍《ひりゅう》の段階では起こってきます。たとえば、この龍の話を読んでいる時に、なにげなくテレビをつけたら、龍についての番組をやっていて、そこで疑問に思っていたことを瞬時に解決する情報が得られた、といったことが起きるのです。

易経は大自然の原理原則に基づく、変化の法則性を説いていると話してきました。それに対して、共時性は、神秘主義的にとらえられる面もありますが、ユングは共時性の見解を立ててから易経に学んで、その考えが間違いでないことを確信したといわれています。

そして、ユングは「共時性とは偶然性ではなく規則性である」として、世の中のものすべては深層でつながり、互いに連動していると仮説を立てています。

変易《へんえき》・不易《ふえき》・易簡《いかん》を掲げる「易の三義《さんぎ》」は、「時は常に変化してやまないが、変化の仕方にはかならず一定不変の法則がある。宇宙も自然も、一人の人生も同じ法則性をもって変化していく。それを理解できたならば、私たちが人生で遭遇するだろうさまざまな時も、察知が可能である」というものです。

ユングの仮説や、「易の三義《さんぎ》」に基づけば、まわりのすべてのものが今という時、そして予兆を露呈しているということになります。そしてこのことが、まわりのすべてが学ぶべきものであると教える「大人《たいじん》を見るに利《よ》ろし」につながるのです。

物事に反映するすべてのことを深く洞察すれば、兆しを直観し、今何をすべきかを知ることができるでしょう。

飛龍《ひりゅう》の時はまわりのすべてのことが、自分自身の映し鏡です。共鳴と反映があちこちで起こってきます。

改めるよう諫言《かんげん》する人があれば、「改めなければ」と、自分もどこかで思っていたはずです。イエスマンばかりが集まる時は、自分も過ちを見て見ぬふりをして、正当化ばかりしているということになります。まわりが愚かに見える時は、自分自身も愚かでしょう。

しかし、人を賢者にするのも愚者にするのも、リーダー自身のものの見方、在り方次第です。自分にとってまわりが皆学ぶべき大人《たいじん》になった時に、飛龍《ひりゅう》もはじめて大人《たいじん》になれるのです。ですから、飛龍《ひりゅう》は雲とともにいなければならない、つねに雲に頭を隠していなければならない存在なのです。

うるさい邪魔者がいなくなった、すっきりと視界が開けて青空が見えた。そんな時は亢龍《こうりゅう》になっているのかもしれません。ご用心を。

おわりに

陽の力の用い方

これまで龍の話を読み進めてきましたが、いかがでしたか。

易経が龍の話で教えていることは、「陽の力の発揮の仕方、用い方」です。おさらいをしますと、天の働きを担う龍は「陽」の象徴であり、陽は積極、推進、剛健をあらわしています。人の上に立って、リーダーとして働くためには、雲を呼び、雨を降らせて、社会を養う陽の力を身につけなければなりません。

易経は、どうやって陽の力を養っていくべきかということを、六段階の龍の成長過程を使って教えていました。各段階で示される「時中《じちゅう》」を踏まえたならば、陽の力は養われていきます。しかし、各段階にすべきことのポイントをあげてみると、用いない・止まる・聞く・従う・学ぶ・反省する・立ち返る・聞く耳を持つ、後悔して退く、これらは皆、陰の要素です。

各段階の「時」を通すためには、陰徳を養うことだと教えているのです。つまり、陽の力を育てる、発揮させるためには、陰の力が必要なのです。
もっといえば、潜龍《せんりゅう》が志を発するのは陽の力ですが、「潜龍用うるなかれ」の「用いない」という陰の力によって、潜龍《せんりゅう》は見龍《けんりゅう》という新たな陽に化《か》すのです。これが「中《ちゅう》する」ということです。

龍の話には、最後に陽の力の用い方が書かれています。その一文を紹介しましょう。

群龍首《ぐんりゅうかしら》なきを見る。吉なり。

群れる龍を見ると皆、頭を雲に隠している。吉である。

群龍は、龍の話に出てくる六匹の龍と解釈できます。陽の力を養うには、「首」、つまり頭を上に出そうと思ってはいけない。陽の徳を発揮するためには、同時に陰の徳を身につけなければならない。かならず陰の力を用いなければ、陽の力を養い、使いこなすことはできないと教えているのです。

頭を出さないということは、目立ってはいけないのですが、王様やリーダーはトップです。一番の人に、一番になってはいけないというのは矛盾していますが、龍は雲がいなければ、恵みの雨を降らすことができない、つまり世の中の役に立つことができません。リーダーは人を養い、人を生かす役割を担っているだけで、自分が、自分が、といって頭を出すことではないと教えています。

「吉」とは物事が通じていく、通るという意味です。もともと龍はめでたい生き物ですが、頭を出さないという陰の力を身につけた時にはじめて、「吉なり」と締めくくられています。なぜなら、龍は陰を生じさせなければ独断で進もうとしてしまい、原理原則に学び、従うことはできないからです。

君子は仁《じん》を体《たい》すればもって人に長《ちょう》たるに足《た》り。

思いやりと慈しみをもって人を育て、はじめて人の長として足りる者になれる。

このように易経は陰徳《いんとく》の大切さを繰り返し教えています。

最後に、龍の話に記されている次の一文を紹介したいと思います。

それ大人《たいじん》は、天地とその徳を合わせ、日月《じつげつ》とその明《めい》を合わせ、四時《しいじ》とその序《じょ》を合わ

せ、鬼神《きしん》とその吉凶《きっきょう》を合わす。天に先だちて天違《てんたが》わず、天に後《おく》れて天の時を奉《ほう》ず。
人は本来、天地の原理原則に則って生きているが、私欲にとらわれて通じ合えない。しかし自ら陰を生じさせた大人《たいじん》は無私であり、その徳は天地の徳と同じく、その聡明さは日月の明るさに等しい。大人《たいじん》の行いは春夏秋冬（四時《しいじ》）の順序に合致する。大人《たいじん》の善悪の判断は、鬼神のそれに等しい。それゆえ、大人《たいじん》は行いが先立っても、天の時が感応し、または遅れたとしても天の時が助け、調和する。天が創造しなかった文化を大人《たいじん》がつくったとしても、それは自ずと原理原則に適うのである。

陰を生じさせた大人《たいじん》のもとには、志を同じくする人々が集まり、とんでもないエネルギーを持った人の和になります。天の時もこれに合わせ、地の利もこれに順《したが》います。その結果、奇跡と思われるような志が実現され、通らなかった物事は通り、障害や問題も乗り越えられると教えています。

現代に用いる易経の智慧《ちえ》

龍の話は、人それぞれの読み方ができます。自分のことに引き寄せて、腑《ふ》に落ちたところを経営や仕事に取り入れていくことで新たな気づきがあるはずです。具体的に龍の話をどう活用できるのか。皆さん、ご自身で考えてみてください。

龍の陽の力であるリーダーシップ力は、強い力を発揮して物事を主導し、推進していくので、その華々しい活躍を見ると、私たちはどうしても陰よりも陽が勝っている、すぐれていると思いがちです。しかし、龍には雲がいなければ、その能力は生かされません。

また、自らがリーダーシップ力を発揮するのにも「陰の力」が必要です。陰がきっかけになって陽の力を引き出し、変化を起こしていくのです。

誰もが陰と陽の両方を備えています。しかし誰もが龍になれるわけではありません。確乎不抜《かっこふばつ》の志を打ち立てた時、はじめて龍として出発するのです。世の中を変革する力はかならず下から伸びてくると、易経は教えています。

そして龍にとって大切なことは、自分の優秀さに甘んじないことです。その力がなぜ与えられているのか。それは世の中の役に立つためであり、世の中をより良くするためです。龍は個人の幸せのためだけにその力を使ってはならない、と教えています。

地に潜み隠れた龍が力をつけ、飛龍《ひりゅう》となって大空を飛翔し、やがて力を失って降りてゆく――。若い頃にはじめて龍の物語を読んだとき、それまで私が読み親しんでいた『荘子《そうじ》』「逍遙遊篇《しょうようゆう》」にある、「北冥《ほくめい》に魚あり。その名を鯤《こん》という。（中略）化《か》して鳥となるとき、その名を鵬《ほう》という。鵬《ほう》の背、その幾千里なるを知らず……」という言葉が思い浮かびました。

北の果ての暗い海に棲息《せいそく》していた微小な魚卵の名である鯤《こん》が、志を立てて大海を覆う大魚となり、歳月を経て化《か》して鳥となり、天空をさえぎって南の果ての海へと飛翔する巨大な鳥、鵬《ほう》となる。

潜龍《せんりゅう》が確乎不抜《かっこふばつ》の志を立てて飛龍《ひりゅう》となり飛翔する。『荘子《そうじ》』の鯤《こん》が志を立てて天翔《あまか》ける巨大な鵬《ほう》となる。躍動感あふれる壮大なスケールで描かれた二つの物語は、「すべては志に始まる」と告げていました。それ以降、易経は私の座右の書となり、また潜龍《せんりゅう》の志は私の命題になりました。

易経には、短時間で得たものは手に残らず、長期にわたり積み重ねて得たものはかならず残り、力を発揮すると書かれています。できれば皆さんが一過性の読み物としてではなく、本書をきっかけとして易経を、日々の実践の中で読まれることを期待します。

そのために、本書が一助となることを願っています。

最後に、故神野三男さんに本書を捧げます。

「講座で易経を学び始めてから、解説書を片っ端から読み漁ったが、あなたが話すような易経の解説はどこにも書かれていない。あなたは自分の役目を果たすべきだ。易経の本を書きなさい」と言われた、そのまっすぐな眼指しと言葉が、筆を執る覚悟と勇気を私に与えてくれました。あなたとの邂逅《かいこう》は私の人生を大きく変えました。

いつも潜龍元年　竹村亞希子

「乾為天《けんいてん》」全文

これまでお話ししてきた「龍の話」の全文を掲載します。
ぜひ、音読してみてください。

乾為天《けんいてん》

乾《けん》は、元《おお》いに亨《とお》りて貞《ただ》しきに利《よ》ろし。

初九《しょきゅう》。潜龍用《せんりゅうもち》うるなかれ。

九二《きゅうじ》。見龍田《けんりゅうでん》に在り。大人《たいじん》を見るに利《よ》ろし。

九三《きゅうさん》。君子終日乾乾《くんししゅうじつけんけん》、夕べに惕若《てきじゃく》たり。厲《あやう》けれども咎《とが》なし。

九四《きゅうし》。或《あ》るいは躍《おど》りて淵《ふち》に在り。咎《とが》なし。

九五《きゅうご》。飛龍《ひりゅう》天に在り。大人《たいじん》を見るに利《よ》ろし。

上九《じょうきゅう》。亢龍悔《こうりゅうくい》あり。

用九《ようきゅう》。群龍首《ぐんりゅうかしら》なきを見る。吉なり。

彖《たん》に曰《いわ》く、大いなるかな乾元《けんげん》、万物《ばんぶつ》資《と》りて始《はじ》む。すなわち天を統《す》ぶ。雲行き雨施《ほどこ》し、品物《ひんぶつ》形を流《し》く。大いに終始を明らかにし、六位《りくい》時に成る。時に六龍《りくりゅう》に乗り、もって天を御《ぎょ》す。乾道《けんどう》変化して、おのおの性命《せいめい》を正しくし、大和《だいわ》を保合《ほうごう》するは、すなわち利貞《りてい》なり。庶物《しょぶつ》に首出《しゅしゅつ》して、万国《ばんこく》ことごとく寧《やす》し。

象《しょう》に曰く、天行《てんこう》は健《けん》なり。君子もって自彊《じきょう》して息《や》まず。

潜龍《せんりゅう》用うるなかれとは、陽にして下《しも》に在ればなり。見龍《けんりゅう》田に在りとは、徳の施し普《あまね》きなり。終日乾乾《しゅうじつけんけん》とは、道を反復するなり。あるいは躍《おど》りて淵《ふち》に在りとは、進むも咎《とが》なきなり。飛龍《ひりゅう》天に在りとは、大人《たいじん》の造《しわざ》なるなり。亢龍悔《こうりゅうくい》ありとは、盈《み》つるときは久しかるべからざるなり。用九は、天徳首《てんとくしゅ》たるべからざるなり。

文言《ぶんげん》に曰く、元《げん》は善の長《ちょう》なり。亨《こう》は嘉《か》の会《かい》なり。利は義の和なり。貞《てい》は事《こと》の幹《かん》なり。君子は仁《じん》を体《たい》すればもって人に長《ちょう》たるに足《た》り、嘉会《かかい》してもって礼《れい》に合《がっ》するに足り、物《もの》を利すればもって義を和するに足り、貞固《ていこ》なればもって事に幹《かん》たるに足る。君子はこの四徳《しとく》を行う者なり。故に曰く、乾《けん》は元亨利貞《げんこうりてい》と。

初九《しょきゅう》に曰く、潜龍《せんりゅう》用うるなかれとは、何の謂《い》いぞや。子曰《しいわ》く、龍徳《りゅうとく》ありて隠れたる者なり。世に易《か》えず、名を成さず、世を遯《のが》れて悶《うれ》うることなく、是《ぜ》とせられずして悶《うれ》うることなし。楽しめばこれを行い、憂うればこれを違《さ》る。確乎《かっこ》としてそれ抜くべからざるは、潜龍《せんりゅう》なり。

九二《きゅうじ》に曰く、見龍田《けんりゅうでん》に在り、大人《たいじん》を見るに利《よ》ろしとは、何の謂《い》いぞや。子曰く、龍徳《りゅうとく》ありて正しく中《ちゅう》する者なり。庸言《ようげん》これ信《まこと》にし、庸行《ようこう》これ謹《つつし》み、邪《じゃ》を閑《ふせ》ぎてその誠を存《そん》す。世に善《よ》くして伐《ほこ》らず、徳博《とくひろ》くして化《か》す。易《えき》に曰く、見龍田《けんりゅうでん》に在り、大人《たいじん》を見るに利《よ》ろしとは、君徳《くんとく》なるなり。

九三《きゅうさん》に曰く、君子《くんし》終日乾乾《しゅうじつけんけん》、夕べに惕若《てきじゃく》たり、厲《あやう》けれども咎《とが》なしとは、何の謂《い》いぞや。子曰く、君子は徳に進み業《ぎょう》を修《おさ》む。忠信《ちゅうしん》は徳に進む所以《ゆえん》なり。辞《ことば》を修《おさ》めその誠《まこと》を立つるは、業《ぎょう》に居《お》る所以なり。至《いた》るを知りてこれに至《いた》る、ともに幾《き》(を言う)

べきなり。終わるを知りてこれを終わる、ともに義《ぎ》を存《そん》すべきなり。この故に上位《じょうい》に居《お》りて驕《おご》らず、下位《かい》に在《あ》りて憂《うれ》えず。故に乾乾《けんけん》す。その時に因《よ》りて惕《おそ》る。危うしといえども咎《とが》なきなり。

九四《きゅうし》に曰く、或《ある》いは躍《おど》りて淵《ふち》に在り、咎《とが》なしとは、何《なん》の謂《い》いぞや。子曰く、上下《じょうげ》すること常《つね》なきも、邪《じゃ》をなすにはあらざるなり。進退すること恒《つね》なきも、群《むれ》を離《はな》るるにはあらざるなり。君子《くんし》徳《とく》に進《すす》み業《ぎょう》を修《おさ》むるは、時に及ばんことを欲するなり。故《ゆえ》に咎《とが》なきなり。

九五《きゅうご》に曰く、飛龍《ひりゅう》天《てん》に在り、大人《たいじん》を見るに利《よ》ろしとは、何の謂《い》いぞや。子曰く、同声《どうせい》相《あ》い応《おう》じ、同気《どうき》相《あ》い求《もと》む。水は湿《うるお》えるに流れ、火は燥《かわ》けるに就《つ》く。雲は龍に従い、風は虎に従う。聖人《せいじん》作《おこ》りて万物《ばんぶつ》観《み》る。天《てん》に本《もと》づく者は上《かみ》に親しみ、地《ち》に本《もと》づく者は下《しも》に親しむ。すなわち各各《おのおの》その類《るい》に従うなり。

上九《じょうきゅう》に曰く、亢龍悔《こうりゅうくい》ありとは、何の謂《い》いぞや。子曰く、貴《とうと》くして位《くらい》なく、高くして民《たみ》なく、賢人《けんじん》下位《かい》に在るも輔《たす》くるなし。ここをもって動きて悔《くい》あるなり。

潜龍用《せんりゅうもち》うるなかれとは、下《しも》なればなり。見龍田《けんりゅうでん》に在りとは、時舎《ときす》つるなり。終日《しゅうじつ》乾乾《けんけん》すとは、事を行うなり。あるいは躍《おど》りて淵《ふち》に在りとは、みずから試みるなり。飛龍《ひりゅう》天に在りとは、上《かみ》にして治《おさ》むるなり。亢龍悔《こうりゅうくい》ありとは、窮《きわ》まるの災《わざわ》いあるなり。乾元《けんげん》の用九《ようきゅう》は、天下治まるなり。

潜龍用《せんりゅうもち》うるなかれとは、陽気潜蔵《ようきせんぞう》すればなり。見龍田《けんりゅうでん》に在りとは、天下文明《てんかぶんめい》なるなり。終日乾乾《しゅうじつけんけん》すとは、時と偕《とも》に行うなり。あるいは躍《おど》りて淵《ふち》に在りとは、乾道《けんどう》すなわち革《あらた》まるなり。飛龍《ひりゅう》天に在りとは、すなわち天徳《てんとく》に位《くらい》するなり。亢龍悔《こうりゅうくい》ありとは、時と偕《とも》に極《きわ》まるなり。乾元《けんげん》の用九《ようきゅう》は、すなわち天の則《のり》を見《しめ》すなり。

乾元《けんげん》は、始《はじめ》にして亨《とお》るものなり。利貞《りてい》は性情《せいじょう》なり。乾始《けんし》は能《よ》く美利《びり》をもって天下を利《り》し、利《り》するところを言わず、大いなるかな。大いなるかな乾《けん》や、剛健中正《ごうけんちゅうせい》、純粋にして精《せい》なり。六爻発揮《りくこうはっき》して、旁《あまね》く情を通ずるなり。時に六龍《りくりゅう》に乗りて、もって天を御《ぎょ》するなり。雲《くも》行《ゆ》き雨施《あめほどこ》して、天下平《てんかたい》らかなるなり。

君子は成徳《せいとく》をもって行ないを為《な》し、日《ひび》にこれを行ないに見《あら》わすべきなり。潜《せん》の言《げん》たる、隠れていまだ見《あら》われず、行ないていまだ成らざるなり。ここをもって君子は用《もち》いざるなり。

君子は学《がく》もってこれを聚《あつ》め、問《もん》もってこれを辨《わか》ち、寛《かん》もってこれに居《お》り、仁《じん》もってこれを行なう。易《えき》に曰く、見龍田《けんりゅうでん》に在り、大人《たいじん》を見るに利《よ》ろしとは、君徳《くんとく》なるなり。

九三《きゅうさん》は重剛《ちょうごう》にして中《ちゅう》ならず。上《かみ》は天に在らず、下《しも》は田《でん》に在らず。故に乾乾《けんけん》す。その時に因《よ》りて惕《おそ》る。厲《あやう》しといえども咎《とが》なきなり。

九四《きゅうし》は重剛《ちょうごう》にして中《ちゅう》ならず。上《かみ》は天に在らず、下《しも》は田《でん》に在らず。中《なか》は人に在らず。故にこれを或《わく》す。これを或《わく》すとは、これを疑うなり。故《ゆえ》に咎《とが》なきなり。

それ大人《たいじん》は、天地とその徳を合わせ、日月《じつげつ》とその明を合わせ、四時《しいじ》とその序《じょ》を合わせ、鬼神《きしん》とその吉凶《きっきょう》を合わす。天に先だちて天違《てんたが》わず、天に後《おく》れて天の時を奉《ほう》ず。天すら且《か》つ違《たが》わず、しかるをいわんや人においてをや、いわんや鬼神《きしん》においてをや。

亢《こう》の言《げん》たる、進むを知って退くを知らず、存《そん》するを知って亡《ほろ》ぶるを知らず、得《う》るを知って喪《うしな》うを知らざるなり。それただ聖人か。進退存亡《しんたいそんぼう》を知って、その正《せい》を失わざる者は、それただ聖人か。

引用・参考文献（順不同）

『易』中国古典選／本田濟（朝日選書）１９９７年
『易経』（上）／高田眞治・後藤基巳（岩波文庫）１９６９年
『易経』（下）／高田眞治・後藤基巳（岩波文庫）１９６９年
『中国の思想Ⅶ　易経』／丸山松幸訳、松枝茂夫・竹内好監修（徳間書店）１９９６年
『増補　高島易断』（全5巻）／高島嘉右衛門（八幡書店）１９８２年
『易経講話』（全5巻）／公田連太郎述（明徳出版社）１９５８年～１９５９年
『荘子　内篇』／福永光司（朝日文庫）１９７８年
『中国古典文学大系10　史記（上）』／司馬遷　野口定男・近藤光雄・頼惟勤・吉田光邦訳（平凡社）１９６８年
『中国古典選6　大学・中庸（上）』／島田虔次訳注（朝日新聞社）１９７８年
『漢文大系16　周易　傳習録』／星野恆・安井小太郎校訂（冨山房）１９１３年
『相似象学会誌　相似象』宇野多美恵編（相似象学会事務所）１９７０年～１９８２年
『易と人生哲学』／安岡正篤（致知出版社）１９８８年
『努力論』／幸田露伴（岩波文庫）１９４０年
『吉田松陰全集　第一巻』／山口県教育会編（岩波書店）１９３６年
『吉田松陰全集　第二巻』／山口県教育会編（岩波書店）１９３９年
『吉田松陰一日一言　魂を鼓舞する感奮語録』／川口雅昭編（致知出版社）２００６年
『安岡正篤一日一言　心を養い、生を養う』／安岡正篤監修（致知出版社）２００６年

『風姿花伝』／世阿弥　野上豊一郎・西尾実校訂（岩波文庫）１９５８年
『緑雨警語』／斉藤緑雨　中野三敏編（冨山房百科文庫）１９９１年
『実践するドラッガー　思考編』／佐藤等編著、上田惇生監修（ダイヤモンド社）２０１０年
『21世紀へ』／盛田昭夫（ワック）２０００年
『現代の帝王学』／伊藤肇（プレジデント社）１９９８年
『喜怒哀楽の人間学』／伊藤肇（ＰＨＰ研究所）１９７８年
『武道の理論　科学的武道論への招待』／南郷継正（三一新書）１９７２年
『易と禅』／佐藤大心（ビジコン）１９８８年
『新明解国語辞典』／金田一京助他編（三省堂）１９７３年
『気の思想　中国における自然観と人間観の展開』／小野沢精一他編（東京大学出版会）１９７８年
『渋沢栄一「論語」の読み方』／渋沢栄一・竹内均編（三笠書房）２００５年
『松下幸之助　人生をひらく言葉』／谷口全平（ＰＨＰ研究所）２００６年
『松下幸之助　成功の金言　３６５』／松下幸之助（ＰＨＰ研究所）２０１０年
『フォー・ビギナーズ・シリーズ65　ユング（日本オリジナル版）』／文・大住誠／絵・田島董美（現代書館）１９９３年

参考資料

「カタカムナ」／楢崎皐月（考古理学研究会）１９６６年

竹村亜希子（タケムラ・アキコ）
易経研究家。東洋文化振興会相談役。1949年名古屋生まれ。
中国古典「易経」を、占いでなく古代の叡知の書としてわかりやすく紹介。全国の企業、官庁で講演やセミナーを開催している。NHK文化センター（名古屋）「現代に生きる『易経』入門」講座は、易経全文を読むのに14～15年かける。
主な著書に『超訳 易経　陰　―坤為地ほか―』（新泉社）、『人生に生かす易経』『「易経」一日一言』（共に致知出版社）、共著に『こどもと読む東洋哲学 易経 陽の巻 夢をもつってどういうこと？』『こどもと読む東洋哲学 易経 陰の巻 結果が出ないときはどうしたらいい？』『こどもと読む東洋哲学 易経 青龍の巻 自分の足で歩いていくってどういうこと？』（全て新泉社）、『こどものための易経』（致知出版社）、ほかにユーキャンCD全13巻『易経入門～64の物語に学ぶ生き方』、日経eブック『江守徹の朗読で楽しむ易経入門』シリーズでは声の解説者としてもおなじみ。

スタッフ
編集協力：都築佳つ良
ブックデザイン：山原 望

超訳 易経　陽　――乾為天《けんいてん》――

2020年2月27日　第1版第1刷発行
2024年4月23日　第1版第4刷発行

著　者　竹村亜希子
発　所　株式会社 新泉社
　　　　東京都文京区湯島1-2-5　聖堂前ビル
　　　　TEL 03-5296-9620　FAX 03-5296-9621

印刷・製本　創栄図書印刷株式会社

ISBN 978-4-7877-2004-7　C0095

新泉社の本

こどもと読む東洋哲学シリーズ

易経

陽の巻

夢をもつってどういうこと?

竹村亞希子・都築佳つ良

小学5年生の乾太《けんた》は、夏休みの宿題「将来の夢」の作文が書けずに困っていた。そこでおじいちゃんがくれた『易経』の本を開いてみたら……。中国古典・四書五経の一つ「易経」は、帝王学の書として世の中のリーダーたちに読み継がれてきました。その中から最強の成長論である「乾為天《けんいてん》」(龍の成長物語)を取り上げ、乾太《けんた》の成長を通して夢(志《こころざし》)を実現するいちばんの近道を見つける方法を解き明かした易経の入門書です。

四六判・280ページ・1800円+税

易経 陰の巻

結果が出ないときはどうしたらいい

竹村亞希子・都築佳つ良

中学生になった乾太《けんた》。剛《つよし》やミヤと一緒に野球部に入ったが、まわりは経験者ばかり。どんなに練習をしても結果が出ない乾太に、「易経」の先生ゴロさんは「牝馬《ひんば》になれ！」と言う。龍じゃなくて、今度は馬？　それも牝馬！　いったいどうなっているの？　第2弾「陰の巻」では、「坤為地《こんいち》」（牝馬の物語）を取り上げました。努力しても結果が出ない、何をやってもうまくいかない。そんなつらいときを乗り切る方法を「易経」は教えてくれます。思春期の子どもとの関係に悩んだとき、解決のヒントが見つかる一冊です。

四六判・316ページ・1800円＋税

易経 青龍の巻

自分の足で歩いていくってどういうこと？

竹村亞希子・都築佳つ良

高校生になった乾太《けんた》。幼馴染の仲間たちはそれぞれ違う高校に進学し、剛《つよし》は空手、ミヤと純はバンドと青春を謳歌し始める。乾太も野球部に入って甲子園を目指すつもりだったが、大けがをして目標を失ってしまう。そんな乾太を易経の先生ゴロさんは「何でもやってみろ」「自分で考えろ」と突き放す。乾太の成長物語、第3弾「青龍の巻」では、「乾為天《けんいてん》」の中の「乾惕《けんてき》」にフォーカスを当てました。目標を失った乾太が再びやりたいことを見つけ、そして新たな志《こころざし》を打ち立てていく「自立編」です。

四六判・340ページ・1800円＋税

超訳 易経 シリーズ

超訳 易経 陽

―乾為天《けんいてん》―

竹村亜希子

帝王学の書「易経」から、龍の成長物語「乾為天《けんいてん》」だけを取り上げて、やさしく解説した超入門書。龍が潜龍《せんりゅう》、見龍《けんりゅう》、乾惕《けんてき》、躍龍《やくりゅう》、飛龍《ひりゅう》、亢龍《こうりゅう》と成長していく6つの過程を通して、すぐに実践できる具体的な智慧を紹介しています。竹村亜希子の代表作『リーダーの易経』の増補改訂版です。易経を読んでみたいという人にお薦めの一冊です。

四六判並製・200ページ・1600円+税

超訳 易経 陰

―坤為地《こんいち》ほか―

竹村亜希子

四書五経の一つに挙げられる易経は、中国最古の「思想哲学の書」として、西洋哲学にも大きな影響を与えています。その易経の中から、陰の代表卦「坤為地《こんいち》」を中心に、天雷无妄《てんらいむぼう》、地天泰《ちてんたい》、天地否《てんちひ》、天下同人《てんかどうじん》、坎為水《かんいすい》、山天大畜《さんてんたいちく》など17の卦も取り上げています。「みんなのための易経」として、初心者でも気軽に読めると評判の『超訳 易経』の増補改訂版です。

四六判並製・348ページ・2000円+税